Learn Portuguese with Short Stories

HypLern Interlinear Project
www.hyplern.com

Third edition: 2025, September

Author: Humberto de Campos, Alberto Leal Barradas Monteiro Braga, Raul Pompéia
Translation: Kees van den End
Foreword: Camilo Andrés Bonilla Carvajal PhD

ISBN: 978-1-989643-43-3

kees@hyplern.com
www.hyplern.com

Learn Portuguese with Short Stories

Interlinear Portuguese to English

Author
Humberto de Campos, Alberto Leal Barradas Monteiro Braga, Raul Pompéia

Translation
Kees van den End

HypLern Interlinear Project
www.hyplern.com

The HypLern Method

Learning a foreign language should not mean leafing through page after page in a bilingual dictionary until one's fingertips begin to hurt. Quite the contrary, through everyday language use, friendly reading, and direct exposure to the language we can get well on our way towards mastery of the vocabulary and grammar needed to read native texts. In this manner, learners can be successful in the foreign language without too much study of grammar paradigms or rules. Indeed, Seneca expresses in his sixth epistle that "Longum iter est per praecepta, breve et efficax per exempla[1]."

The HypLern series constitutes an effort to provide a highly effective tool for experiential foreign language learning. Those who are genuinely interested in utilizing original literary works to learn a foreign language do not have to use conventional graded texts or adapted versions for novice readers. The former only distort the actual essence of literary works, while the latter are highly reduced in vocabulary and relevant content. This collection aims to bring the lively experience of reading stories as directly told by their very authors to foreign language learners.

Most excited adult language learners will at some point seek their teachers' guidance on the process of learning to read in the foreign language rather than seeking out external opinions. However, both teachers and learners lack a general reading technique or strategy. Oftentimes, students undertake the reading task equipped with nothing more than a bilingual dictionary, a grammar book, and lots of courage. These efforts often end in frustration as the student builds mis-constructed nonsensical sentences after many hours spent on an aimless translation drill.

Consequently, we have decided to develop this series of interlinear translations intended to afford a comprehensive edition of unabridged texts. These texts are presented as they were originally written with no changes in word choice or order. As a result, we have a translated piece conveying the true meaning under every word from the original work. Our readers receive then two books in just one volume: the original version and its translation.

The reading task is no longer a laborious exercise of patiently decoding unclear and seemingly complex paragraphs. What's more, reading becomes an enjoyable and meaningful process of cultural, philosophical and linguistic learning. Independent learners can then acquire expressions and vocabulary while understanding pragmatic and socio-cultural dimensions of the target language by reading in it rather than reading about it.

Our proposal, however, does not claim to be a novelty. Interlinear translation is as old as the Spanish tongue, e.g. "glosses of [Saint] Emilianus", interlinear bibles in Old German, and of course James Hamilton's work in the 1800s. About the latter, we remind the readers, that as a revolutionary freethinker he promoted the publication of Greco-Roman classic works and further pieces in diverse languages. His effort, such as ours, sought to lighten the exhausting task of looking words up in large glossaries as an educational practice: "if there is any thing which fills reflecting men with melancholy and regret, it is the waste of mortal time, parental money, and puerile happiness, in the present method of pursuing Latin and Greek[2]".

Additionally, another influential figure in the same line of thought as Hamilton was John Locke. Locke was also the philosopher and translator of the Fabulae AEsopi in an interlinear plan. In 1600, he was already suggesting that interlinear texts, everyday communication, and use of the target language could be the most appropriate ways to achieve language learning:

> ...the true and genuine Way, and that which I would propose, not only as the easiest and best, wherein a Child might, without pains or Chiding, get a Language which others are wont to be whipt for at School six or seven Years together...[3]

---

1 "The journey is long through precepts, but brief and effective through examples". Seneca, Lucius Annaeus. (1961) Ad Lucilium Epistulae Morales, vol. I. London: W. Heinemann.

2 In: Hamilton, James (1829?) History, principles, practice and results of the Hamiltonian system, with answers to the Edinburgh and Westminster reviews; A lecture delivered at Liverpool; and instructions for the use of the books published on the system. Londres: W. Aylott and Co., 8, Pater Noster Row. p. 29.

3 In: Locke, John. (1693) Some thoughts concerning education. Londres: A. and J. Churchill. pp. 196-7.

Who can benefit from this edition?

We identify three kinds of readers, namely, those who take this work as a search tool, those who want to learn a language by reading authentic materials, and those attempting to read writers in their original language. The HypLern collection constitutes a very effective instrument for all of them.

1. For the first target audience, this edition represents a search tool to connect their mother tongue with that of the writer's. Therefore, they have the opportunity to read over an original literary work in an enriching and certain manner.
2. For the second group, reading every word or idiomatic expression in its actual context of use will yield a strong association between the form, the collocation, and the context. This will have a direct impact on long term learning of passive vocabulary, gradually building genuine reading ability in the original language. This book is an ideal companion not only to independent learners but also to those who take lessons with a teacher. At the same time, the continuous feeling of achievement produced during the process of reading original authors both stimulates and empowers the learner to study[1].
3. Finally, the third kind of reader will notice the same benefits as the previous ones. The proximity of a word and its translation in our interlinear texts is a step further from other collections, such as the Loeb Classical Library. Although their works might be considered the most famous in this genre, the presentation of texts on opposite pages hinders the immediate link between words and their semantic equivalence in our native tongue (or one we have a strong mastery of).

---

1 Some further ways of using the present work include:

1. As you progress through the stories, focus less on the lower line (the English translation). Instead, try to read through the upper line, staying in the foreign language as long as possible.
2. Even if you find glosses or explanatory footnotes about the mechanics of the language, you should make your own hypotheses on word formation and syntactical functions in a sentence. Feel confident about inferring your own language rules and test them progressively. You can also take notes concerning those idiomatic expressions or special language usage that calls your attention for later study.
3. As soon as you finish each text, check the reading in the original version (with no interlinear or parallel translation). This will fulfil the main goal of this

collection: bridging the gap between readers and original literary works, training them to read directly and independently.

Why interlinear?

Conventionally speaking, tiresome reading in tricky and exhausting circumstances has been the common definition of learning by texts. This collection offers a friendly reading format where the language is not a stumbling block anymore. Contrastively, our collection presents a language as a vehicle through which readers can attain and understand their authors' written ideas.

While learning to read, most people are urged to use the dictionary and distinguish words from multiple entries. We help readers skip this step by providing the proper translation based on the surrounding context. In so doing, readers have the chance to invest energy and time in understanding the text and learning vocabulary; they read quickly and easily like a skilled horseman cantering through a book.

Thereby we stress the fact that our proposal is not new at all. Others have tried the same before, coming up with evident and substantial outcomes. Certainly, we are not pioneers in designing interlinear texts. Nonetheless, we are nowadays the only, and doubtless, the best, in providing you with interlinear foreign language texts.

Handling instructions

Using this book is very easy. Each text should be read at least three times in order to explore the whole potential of the method. The first phase is devoted to comparing words in the foreign language to those in the mother tongue. This is to say, the upper line is contrasted to the lower line as the following example shows:

"Doentíssima!",	confirmou	o	esposo	inconsolável.
Very sick	confirmed	the	husband	inconsolable

The second phase of reading focuses on capturing the meaning and sense of the original text. As readers gain practice with the method, they should be able to focus on the target language without getting distracted by the translation. New users of the method, however, may find it helpful to cover the translated lines with a piece of paper as illustrated in the image below. Subsequently, they try to understand the meaning of every word, phrase, and entire sentences in the target language itself, drawing on the translation only when necessary. In this phase, the reader should resist the temptation to look at the translation for every word. In doing so, they will find that they are able to understand a good portion of the text by reading directly in the target language, without the crutch of the translation. This is the skill we are looking to train: the ability to read and understand native materials and enjoy them as native speakers do, that being, directly in the original language.

> "Doentíssima!", confirmou o esposo inconsolável.
> Very sick

In the final phase, readers will be able to understand the meaning of the text when reading it without additional help. There may be some less common words and phrases which have not cemented themselves yet in the reader's brain, but the majority of the story should not pose any problems. If desired, the reader can use an SRS or some other memorization method to learning these straggling words.

> "Doentíssima!", confirmou o esposo inconsolável.

Above all, readers will not have to look every word up in a dictionary to read a text in the foreign language. This otherwise wasted time will be spent concentrating on their principal interest. These new readers will tackle authentic texts while learning their vocabulary and expressions to use in further communicative (written or oral) situations. This book is just one work from an overall series with the same purpose. It really helps those who are afraid of having "poor vocabulary" to feel confident about reading directly in the language. To all of them and to all of you, welcome to the amazing experience of living a foreign language!

Additional tools

Check out shop.hyplern.com or contact us at info@hyplern.com for free mp3s (if available) and free empty (untranslated) versions of the eBooks that we have on offer.

For some of the older eBooks and paperbacks we have Windows, iOS and Android apps available that, next to the interlinear format, allow for a pop-up format, where hovering over a word or clicking on it gives you its meaning. The apps also have any mp3s, if available, and integrated vocabulary practice.

Visit the site hyplern.com for the same functionality online. This is where we will be working non-stop to make all our material available in multiple formats, including audio where available, and vocabulary practice.

Table of Contents

Chapter   Page

1 - A Rosa Azul   1

2 - A Epilética   12

3 - No Mar   21

4 - O Monstro   40

5 - Dia De Gala   60

6 - A Guerra   84

7 - A Volta Das Andorinhas   111

8 - O Modelo Do Anjo   139

A Rosa Azul

A ROSA AZUL (Humberto de Campos)
The Rose Blue Humberto de Campos
  [The Blue Rose]

O comendador Luiz de Faria acabava de fechar
The commander Luiz de Faria finished of to close
                                    [had just closed]

os olhos à velha marquesa de São Justino,
the eyes to the old marquise of St Justino
          (of the)

adoçando-lhe o momento da morte com a
sweetening-her the moment of the death with the
                              (of)

noticia alvissareira e mentirosa da completa
message rewarding and false of the complete

regeneração do seu neto, o estudante
regeneration of the her nephew the student
(rehabilitation) (of)

Guilherme de Araújo, quando o encontrei à
  William of Araujo when him (I) encountered at the

porta da casa funerária, à espera do seu
door of the house funeral at the wait of his
              [funeral house] [awaiting]

automóvel. Abalado, ainda, pela emoção daquele
car   Shaken   still   by the   emotion   of that

instante, em que tivera de lançar mão de uma
moment   in   that   (he) had to   of   launch   hand   of   a
    (which)   ()   [make use]

falsidade para perfumar o último sopro de uma
falsehood   to   perfume   the   last   breath   of   a

vida de virtudes e sofrimentos, o antigo par
life   of   virtues   and   sufferings   the   ancient   partner

do reino português aceitou um lugar no meu
of the   kingdom   Portuguese   accepted   a   place   in the   my
        (in)

"taxi", e confessou-me, em viagem:
taxi   and   confessed to me   in   travel
    [traveling]

"A mentira, meu amigo, é, às vezes, uma
The   lie   my   friend   is   at   times   a

necessidade. Aquela de que me socorri há meia
necessity   The one   of   that   me   helped   since   half
      (which)

hora, para suavizar a morte de uma santa, de
(an) hour   to   soften   the   death   of   a   saint   of

uma senhora cuja maior esperança consistia no
a   lady   whose   major   hope   consisted   in the

futuro de um neto que se desgarrara do
future   of   a   nephew   that   himself   was torn   from the

lar, era tão necessária como a do prior da
home   was   so   necessary   as   that   of the   prior   of the

Cartuxa para alegrar a agonia daquele célebre
Cartuxa   to   make happy   the   agony   of that   celebrated
    (to relieve)

monge do Bussaco."
monk   of the   Bussaco

Eu olhei, interrogativamente, o meu companheiro
I   listened   interrogatively   the   my   companion
    ()

de viagem, e ele, percebendo a ignorância,
of   travel   and   he   sensing   the   ignorance

indagou, com admiração:
wondered   with   admiration

"Não conhece, então, a lenda da rosa azul?"
Not   (you) know   then   the   legend   of the   rose   blue
    [of the blue rose]

À   minha   afirmativa,   que   lhe   pareceu   estranha,   o
At   my   assertion   which   him   seemed   strange   the

comendador   apoiou   as   mãos   robustas   no   castão
commander   rested   the   hands   robust   on the   cast

de   ouro   da   bengala,   e   contou:
of   gold   of the   Bengals   and   said
        [of Bengal gold]

"No   Mosteiro   da   Cartuxa,   no   Bussaco,   em
In the   Monastry   of the   Cartuxa   in the   Bussaco   in

Portugal,   vivia,   em   séculos   que   já   se   foram,
Portugal   lived   in   ages   that   already   itself   went
        [have gone]

um   piedoso   e   santo   monge,   cuja   vida   se
a   pious   and   saintly   monk   whose   life   itself

consumia,   inteira,   entre   a   oração   e   as   rosas.
consumed   wholly   between   the   prayer   and   the   roses

Jardineiro   da   alma   e   das   flores,   passava   ele   as
Gardiner   of the   soul   and   of the   flowers   passed   he   the

manhãs   de   joelhos,   no   silencio   da   nave,   aos
mornings   of   knees   in the   silence   of the   nave   at the
        [on his knees]

pés de um Cristo crucificado, e as tardes,
feet of a Christ crucified and at the afternoons

no pequeno jardim da ordem, curvado diante
in the little garden of the order bowed before

das roseiras, que ele próprio plantava e regava."
of the rosebushes which he himself planted and watered

O comendador interrompeu um momento a
The commander interrupted one moment the

narrativa, recostou-se na almofada, e
narrative leaned back on the pillow and

continuou:
continued

"A sua paciência de jardineiro era absorvida,
The his patience of gardiner was absorbed
()

entretanto, por uma idéia, que era um sonho:
however by an idea which was a dream

encontrar a rosa azul das legendas do Oriente,
to find the rose blue of the legends of the Orient
(East)

de que tivera noticia, uma noite, ao
of which (he) had received notice one night at the
[he had learned] (when)

ler os poemas latinos dos velhos monges
reading the poems latin of the old monks

medievais. Para isso, casava ele as sementes, os
medieval To (this goal) married he the seeds the

brotos, fundia os enxertos, combinando as terras,
buds merged the grafts combining the earths

com que as cobria, e as águas,
with which them covered and the waters

com que as regava, esperando, ansioso, o
with which them watered waiting anxiously the
[with which he watered them]

aparecimento, no topo da haste, do sonhado
appearance in the top of the stem of the dreamed

botão azul! Ao fim de setenta anos de
bud blue At the end of seventy years of

experiências e sonhos, em que se lhe
experiences and dreams in which itself him

misturavam   na   imaginação   as   chagas   vermelhas
mixed   in the   imagination   the   wounds   red
(intermingled)

de   Cristo   e   as   manchas   celestes
of   Christ   and   the   spots   celestial

da   sua   rosa   encantada,   surgiu,   afinal,   no
of the   his   rose   enchanted   rose   finally   in the
[of his enchanted rose]

coroamento   de   um   galho   de   roseira,   um   botão
crowning   of   a   stem   of   (a) rosebush   a   bud

azul,   como   o   céu.   Centenário   e   curvado,   o
blue   like   the   sky   Centennial   and   curved   the

velhinho   não   resistiu   à   emoção;   adoeceu,   e,
old man   not   resisted   to the   emotion   (he) fell ill   and

conduzido   à   cela,   ajoelhou-se   diante   do
led   to his   cell   kneeled himself   before   of the

Crucificado,   pedindo-lhe,   entre   soluços   pungentes,
Crucified one   asking him   between   sobs   harsh
(crucifix)

que,   como   prêmio   à   santidade   da   sua   vida,
that   like   reward   to the   sanctity   of the   his   life
(of)

não lhe cerrasse os olhos sem que eles vissem,
not him would close the eyes without that they saw

contentes, o desabrochar da sua rosa azul."
happy and satisfied the blossoming of the his rose blue
(of)

Uma nova pausa, e o meu companheiro tornou:
A new pause and the my companion continued
()

"Em volta do santo velhinho, no catre do
In turn of the saintly old man on the cot of the
[Around] (the)

mosteiro, todos choravam, compungidos. E
monastery everyone wept in pain And

foi, então, que, divulgada de boca em boca,
(it) was then that divulged of mouth in mouth
(spread) [by word of mouth]

foi a noticia ter a um convento das
(it) was (that) the notice reached to a convent of the
() (in the)

proximidades, onde jazia, orando e sonhando,
proximity where lay praying and dreaming
(resided)

uma linda infanta de Portugal. Moça e
a beautiful royal child of Portugal Young and

formosa, e, além de formosa e moça, - fidalga
beautiful and as well of beautiful and young noble
(as)

e portuguesa, compreendeu a pequenina freira,
and Portuguese understood the little nun

no jardim do seu sonho, o valor daquela
in the garden of the her dream the value of that
(of)

ilusão, e correu à sua cela, consumindo
illusion and ran to the her cell consuming
(spending)

toda uma noite a fazer, com os seus dedos de
whole one night to make with the her fingers of
[one whole night] ()

neve, uma viçosa flor de seda azul, que
snow a lush flower of silk blue that

perfumou, ela própria, com essência de gerânio.
(she) perfumed she herself with essence of geranium

E no dia seguinte, pela manhã, morria
And in the day following by the morning (he) would die

no seu catre, sorrindo entre lágrimas de alegria,
on the his cot smiling through tears of joy
(on)

por ter nas mãos tremulas, por um milagre
for having in the hands trembling by a miracle
(in his)

do céu, a sua rosa azul!"
from the sky the his rose blue
()

O "taxi" parava no meio-fio da calçada, o
The taxi stopped in the half-thread of the sidewalk the
(in) (side)

comendador acrescentou, estendendo-me a mão
commander added extending-me the hand

agradecida:
grateful

"Feliz, meu amigo, aquele que morre, como esse
Happy my friend those that die as this

monge e a marquesa, apertando nas mãos a
monk and the marquise pressing in the hands the

rosa, mesmo mentirosa, de uma roseira de que
rose even lying of a rose of that
(fake) (which)

cuidou toda a vida."
(she) cared for all the life
(her)

A Epilética

A EPILÉTICA (Humberto de Campos)
The Epileptic Humberto de Campos

"Estás, então, separado de tua esposa?"
(You) are then separated from your wife

"É verdade; internei-a em uma casa de saúde."
(It)'s true (I) interned her in a house of health

E como se tratasse de uma palestra afetuosa,
And as if (it) treated of a talk affectionate
(concerned)

entre   amigos
between   friends

que lia muito se não viam, o mais
that read lots (in what) itself not (they) saw the more
[who can read between the lines]

moço dos dois, o Sr. Nataniel de Miranda,
younger of the two the Sr. Nataniel de Miranda

caixeiro viajante de uma conceituada casa da
salesman   traveling   of   a   respected   house of the

praça, justificou a sua conduta:
square   justified   to his   conduct

"A   situação em que dia me colocou era
The   situation   in   that day me   placed   was

intolerável. Eu seria um perverso, um miserável,
intolerable   I would be a wicked man a   wretch

um desumano, se conservasse na minha
an inhuman one if   (I) kept in the   my
                            (in)

companhia uma senhora sabidamente enferma,
company   a   lady   known to be   sick

perseguida por moléstia tão delicada."
persecuted   by (a) disease so   delicate
(afflicted)

"Era,   então, doente?"
(She) was then   sick

"Doentíssima!", confirmou o esposo inconsolável.
Very sick   confirmed the husband inconsolable

E como se visse nos olhos do amigo uma
And as if (he) saw in the eyes of the friend an

interrogação luminosa, um desejo de conhecer, fase
interrogation lit up a desire of to know stage
(question)

por fase, os detalhes daquela tragédia de coração,
by stage the details of that tragedy of heart

tomou-o pelo braço e, fazendo-o sentar-se em
(he) took-him by the arm and making-him sit-himself in

uma das mesas do botequim, principiou, calmo,
one of the tables of the bar began calmly

a descrever-lhe o caso, deixando esfriar, entre
to describe-him the case letting cool between

voltas de fumaça, as duas xícaras de café.
turns of smoke the two cups of coffee

"Há muito tempo eu andava desconfiado da
Since much time I was distrustful of the

moléstia da Luisinha. Afastado sempre de
affliction of the Luisinha Removed always from

casa   por exigência mesmo do   meu
(the) house   for demand same of the   my
    [because of]

gênero de vida,   ora em excursão   pelo
kind of life   now in (an) excursion   through the
[life style]

interior de Minas, ora por S. Paulo, era com
interior of Minas now by St. Paulo (it) was with

estranheza, com mágoa íntima, que eu observava,
strangeness with grief intimate that I observed

de mês para mês, a mudança nos modos de
from month to month the change in the ways of

minha mulher. A transformação do seu caráter,
my wife The transformation of the her character
    (of)

das suas maneiras, do modo, enfim, por que
of the her manners of the way finally for what
(of)   (in the end)

definhava, a olhos vistos, fazia-me triste, aflito,
(she) languished at eyes seen made-me sad afflicted
    [before my eyes]

preocupado, na suspeita de que
worried in the suspicion of that

alguma coisa de grave, de anormal, se estava
some cause of serious of abnormal itself was
[something serious] ()

passando na sua saúde. Em uma dessas viagens,
passing in the her health In one of those journeys
(in)

com a alma carregada de preocupações, confessei
with the soul loaded of worries (I) confessed

a um parente meu, fazendeiro em Uberaba, a
to a relative (of) mine farmer in Uberaba the

desconfiança, que eu tinha, de que ela sofria de
distrust that I had of that she suffered from

ataques, na minha ausência. Ele escutou-me,
attacks in my absence He listened to-me

pensou um momento, e, chamando-me para o
thought a moment and calling-me to the

interior da casa, perguntou-me porque eu não
interior of the house asked-me why I not

tirava a limpo essa dúvida, empregando, no caso,
pulled to clean this doubt using in the case

a experiência da tigela de leite."
the experience of the bowl of milk

"Da tigela de leite?" interrompeu o amigo.
Of the bowl of milk interrupted the friend

"Da tigela de leite, sim."
Of the bowl of milk yes

E continuando:
And continuing

"Esse fazendeiro explicou-me, então como era a
This farmer explained-me then how was it

prova. Pega-se uma tigela de leite, e põe-se
proof Stick-itself a bowl of milk and place-itself
(Get yourself)

debaixo da cama, em um lugar que corresponda
under the bed in a spot that corresponds

ao meio do colchão. Em seguida, toma-se de
to the middle of the mattress In next take-itself of
[Then] [Take]

uma colher, ou de uma vara de uns dois
a spoon or of a twig of a two
() (about)

palmos, e amarra-se no estrado de arame, de
(hand)palms and fasten-itself in the platform of wire of

ponta para baixo, exatamente sobre a tigela, de
top to down exactly above the bowl of

modo que, com o peso natural de uma pessoa,
way that with the weight natural of a person

não chegue até o leite, mas de maneira que,
not reaches until the milk but of (a) manner that

com um movimento mais forte, como nos ataques
with a movement more strong like in the attacks

de epilepsia, a colher, ou coisa semelhante, molhe
of epileptic the spoon or thing similar soak

a ponta no liquido da tigela, registrando o
the tip in the liquid of the bowl registering the

fenômeno."
phenomenon

"E fizeste a experiência?"
And made the experiment
(you executed)

"Espera aí. Chegado ao Rio, procurei um
Wait there Arriving at the (in) Rio (I) procured a

momento em que a Luisinha se achava
moment in that the Luisinha herself encountered [was]

ausente, e fiz o que me haviam aconselhado.
absent and did that what me (they) had counseled (advised)

com a diferença, apenas, da colher, que, por
With the difference only of the spoon that for

ser a cama um pouco alta, foi substituída na
to be the bed a bit high was substituted in the

ocasião, por um batedor de doce, que encontrei
occasion by a batter of sweet that (I) encountered

na dispensa da casa. Feito isso, declarei que
in the dispenser of the house Deed exact [After that] (I) declared that

ia a São Paulo, e parti. Dois dias depois,
(I) went to St Paulo and left Two days after

voltei."
(I) returned

"E   então?", indagou o   amigo, ansioso, com a
And   then   asked   the   friend   anxiously   with   a

curiosidade nos olhos.
  curiosity   in the   eyes

"O   batedor tinha batido tanto,   tanto,   que   a
The   batter   had   beaten   so much   so much   that   the

tigela..."
  bowl

"Que   é   que   tem?",   interrompeu o   outro.
What   is (it)   that   (happened)   interrupted   the   other

E   o   desgraçado, enxugando os olhos:
And   the   disgraced person   wiping   the   eyes

"Estava cheia... de manteiga!..."
(It) was   full   of   butter

No Mar

NO   MAR (Raul Pompéia)
In the   Sea   Raul   Pompeia

I
I

Em volta de   nós   alargava-se   um   círculo d'água
In   turn   of   us   enlarged itself   a   circle   of water
  [Around]   (grew)

contornado pelo horizonte.
surrounded   by the   horizon

Era   o Atlântico.
(It) was   the   Atlantic

A   noite   caíra,   uma noite esplêndida.   O   céu,
The   night   fell   a   night   splendid   The   sky
           (had fallen)

recamado   de   cetim azul, cavava-se   no   alto,
covered   of   satin   blue   dug-itself   in the   height
           (with)

profundo e luminoso. Umas estrelas, de luz
deep and luminous Some stars of light

mortiça apareciam cintilando como
dull appeared twinkling like

cabeças de alfinete de prata e a lua
heads of pin of silver and the moon
[silver pinheads]

desfigurada e enorme pela refração saía
disfigured and enormous by the refraction came out

do oriente.
from the east

Havia oito dias que estávamos no mar, e
(It) had eight days that (we) were on the sea and
(It had been) (at)

cada noite fora para mim um espetáculo
every night was to me a spectacle

incomparável; nenhuma, porém, como a última.
incomparable none however like the last

A pureza da atmosfera, o sossego das ondas,
The purity of the atmosphere the stillness of the waves

a	tranqüilidade	de	bordo	e	o	luar
the	tranquility	of	board	and	the	moonlight

casavam-se	tanto	com	o	bem-estar	de	espírito
married	so much	with	the	well being	of	spirit

em	que	me	achava	que	eu	me	sentia
in	that (which)	myself	(I) found	that	I	myself	felt

impregnado	de	romantismo.
infused	of	romanticism

Estava	sentado	na	coberta	do	vapor,	sobre	um
(I) was	seated	on the	deck	of the	steamer	on	a

caixão,	que	tinha	(lembro-me	ainda)	as	iniciais
chest	that	had	(I) remember me	still	the	initials

C.R.	borradas	com	tinta	preta.	Levantei-me	e
C.R.	smeared	with	ink	black	Lifted myself (I got up)	and

me	acerquei	da	amurada.
myself	approached	of the	bulwark

Firmei	no	parapeito	os	cotovelos	e	pus-me	a
(I) fixed	on the	parapet	the	elbows	and	set me	to

olhar e a meditar. Por um tapete deslumbrante
watch and to meditate For a tapestry dazzling

desenrolado por cima d'água, vinham até o
unfolding to top of water came onto the

vapor os raios de um luar branco delicioso.
steamer the rays of a moonlight white delightful

Comecei a ver nesse tapete uns rostos
(I) started to see in the tapestry some faces

conhecidos, digo, uns semblantes que havia
familiar say some countenances that (I) had

gravados no meu coração. Eram as minhas
engraved on the my heart (They) were -the- my
(on)
recordações.
memories

Reconhecia minha mãe, reconhecia meu pai,
(I) recognized my mother (I) recognized my father

reconhecia meus irmãos.
(I) recognized my sisters

Pensei | neles | e | refleti | que, | dentro | de | uma
(I) thought | of them | and | reflected | that | in | -of- | one

semana, | estaria | eu | na | Europa, | longe, | longe
week | would be | I | in the (in) | Europe | far | far

dos | seus | carinhos. | Entristeci-me. | Súbito,
from the | my | loved ones | Saddened myself (I became sad) | Immediately

porém, | como | que | senti | no | cérebro | uma | chuva
however | as if | that | (I) felt | in the | brain | a | rain

de | estrelas; | principiei | a | distinguir | em | meio | da
of | stars | (I) began | to | distinguish | in | middle | of the

noite | as | grandezas | que | eu | ia | encontrar | no
night | the | greatnesses | that | I | went | to encounter | in the

velho | mundo, | tão | novo | para | mim. | O | Brasil | e
old | world | so | new | to | my | -The- | Brazil | and

a | Europa | apresentavam-se | distintos | na | esfera
the | Europe | presented themselves | distinct | in the | sphere

das | minhas | reflexões. | De | uma | parte, | um
of the (of) | my | reflections | From | one | side | a

hemisfério escuro, mergulhado na sombria
hemisphere dark mixed in the somber

tristeza da saudade; de outra, um hemisfério
sadness of the longing of other a hemisphere
(of)

radioso iluminado pela minha sede do
radiant illuminated for the my thirst of the
(for)

desconhecido.
unknown

O tempo que levei nessas cismas não sei.
The time that (I) took in these schisms not (I) know
[I don't know]

Fato é que, ao despertar-me delas, vi a
Fact is that at the awaking myself from them (I) saw the

lua elevada bastante e o isolamento
moon risen enough and the isolation

em torno de mim. Os passageiros, que por ali
in turn of me The passengers that for there
[around]

andavam passeando ao luar, se tinham
walked passing at the moonlight themselves had

recolhido;   um   ou   outro   marinheiro   necessário   às
retired   one or   other   sailor   necessary   to the

manobras   mostrava-se,   neste   ou   naquele   ponto,
maneuvers   showed himself in this or   in that   point

como   uma   sombra...
like   a   shadow

Ouvi,   então,   um   suspiro   abafado.
(I) heard then   a   sigh   muffled

Coisa   esquisita!   Um   suspiro   ali   pertinho,   um
Thing   exquisite   A   sigh   there very close   a
   [Funny thing]   (from: perto)

suspiro   que   me   pareceu   escapado   a   um   peito
sigh   that   me   seemed   escaped   to a   breast

amante   e   a   uns   lábios   formosos   de   moça
(of a) lover and to   some   lips   beautiful   of   (a) girl

poética...
poetic

Voltei-me   para   ver   quem   era.
(I) turned myself to   see   who   (it) was

A uns oito passos de mim, estava alguém,
At some eight paces from me was someone

encostado à amurada como eu e olhando
leaned against the bulwark like I and watching
(me)

para o mar como eu estivera. Sonhei logo
towards the sea as I was (I) dreamed soon
(had been) (right away)

mil romances. O luar clareava um rosto
(a) thousand romances The moonlight brightened a face

de mulher, não deixando contudo ver-lhe a
of (a) woman not letting however see her the
(to show of her)

beleza. Do corpo, pouca coisa aparecia, oculto
beauty Of the body little thing appeared hidden
()

como se achava na sombra da amurada.
as itself was located in the shadow of the bulwark

Dirigi-me para a suspiradora.
(I) directed myself to the sighing woman

Ela não mostrou perceber o meu movimento.
She not showed to perceive the my movement

Possível me foi examiná-la.
Possible me (it) was to examine her

Era uma linda jovem de dezesseis anos
(She) was a beautiful jong girl of sixteen years

presumíveis. Tinha uns olhos grandes,
presumably (She) had some eyes great
() ()

encantadores, voltados para o mar e uma
enchanting turned towards the sea and a

pequenina mão encostada ao veludo rosado da
small hand supported to the velvet rosiness of the

face.
face

Trajava de azul, pareceu-me.
(She) wore of blue (it) seemed to me
()

Lembrei-me de que, nas minhas cismas, não
(I) remembered me of that in the my schisms not
(in)

se me afigurava um rosto como o dessa visão,
itself me figured a face like the of that vision
()

desse anjo.
this angel

É que meu coração não fora ainda penetrado
(It) is that my heart not was still penetrated

pelas ternuras do amor e eu me habituara
by the tendernesses of the love and I myself habituated

no Brasil a ver, nas mulheres, mulheres.
in the Brazil to see in the women (just) women

Entretanto, naquela que ali estava eu via um
Meanwhile in that one that there was I saw an

anjo.
angel

Esse anjo voltou os olhos para mim.
This angel turned the eyes to me

Vi de frente o mais belo rosto de menina
(I) saw of front the most beautiful face of girl
(in)

que pudera idealizar.
that (I) could idealise
(imagine)

Tinha cabelos castanhos e a tez entre
(She) had hair chestnut and the complexion between
(brown)

o moreno e o alvo, isto é, da cor
the light brown and the white precisely (it) is of the color

mais simpática do mundo.
(the) most sympathetic of the world

O anjo sorriu-me furtivamente...
The angel smiled (at) me furtively

Eu vira aquela mulher uma única vez a bordo.
I saw that woman one unique time at board
(on)

Fora no dia seguinte ao do nosso embarque.
(It) was in the day following at the of the our boarding

Notara-lhe a beleza simplesmente. Desta vez,
(I) noticed of her the beauty simply That time

entretanto, um interesse excepcional levava-me
however an interest exceptional led me

para ela.
to her

Sorri-me   ao   seu sorriso.
(I) smiled   to the   her   smile
(to)

A   linda   criança envergonhou-se.   Baixou   o
The   beautiful   child   was ashamed   (She) lowered   the

rosto.   Eu   estendi   o   braço   e   tomei-lhe   a
face   I   extended   the   arm   and   took of her   the

cintura. Ela não   se   ofendeu.
waist   She   not   herself   offended

- Como   se   chama o   senhor? perguntou com
How   himself   names   the   gentleman   asked (she)   with

a   voz comprida, balbuciante.
the voice   extended   stammering

- Júlio, disse eu... E   a   senhora?
Julio   said   I   And the   lady

- Júlia, disse-me ela.
Julia   said me   she

Oh! que não   sei   como referir   ao   leitor   a
Oh   that   not   (I) know   how   to refer   to the   reader   the
(to explain)

doçura que me derramou no peito esta
sweetness that me poured into the chest that

coincidência.
coincidence

Júlia gozou também, com isso. Senti-lhe o
Julia enjoyed (it) also with this (I) felt (of) her the

braço redondo apertado pela manga do vestido
arm round tightly on the sleeve of the dress

cingir-me o pescoço com força. O meu corpo
press me the neck with force The my body

e o dela estavam achegados um do outro. As
and it of her were close one of the other The

palpitações do meu coração encontravam-se
palpitations of the my heart encountered themselves
(of)

com as palpitações do seu coração.
with the palpitations of the her heart
(of)

Saboreei num instante todas as alegrias de um
(I) savored in an instant all the joys of a

amante feliz; e perante a presença da lua,
lover happy and before the presence of the moon

como um namorado da antiga escola, depois
as an being in love of the old school after

no rosto abrasado da formosa Júlia um beijo...
in the face burnished of the beautiful Julia a kiss

demoradamente...
slowly

Mais um aperto de mão e separei-me do
More a shake of hand(s) and (I) separated myself of the
(Then) (of)

meu anjo...
my angel

II
II

Dois longos dias se passaram, sem que eu
Two long days itself passed without that I

tornasse a ver a minha Júlia, o meu primeiro
returned to see the my Julia the my first

amor...
lover

Comecei a ter remorsos de não haver perguntado
(I) started to have remorses of not to have asked

à mocinha quem eram seus pais, quem era ela,
to the young lady which was her land who was she

dizendo-lhe quem era eu também. Não quis
saying her who was I as well Not (I) wanted

informar-me para não despertar suspeitas. Resolvi
to inform me to not awake suspicions (I) decided

esperar.
to wait

Debalde porém, postei-me à noite no lugar
In vain however (I) posted myself at the night in the place
(at)

da minha entrevista.
of the my encounter
(of)

Júlia não voltou.
Julia not returned

Na terceira noite depois do momento mais
In the third night after of the moment most

feliz que tive na minha viagem, vi um
happy that (I) had in the (in) my journey (I) saw a

homem dirigir-se para mim. Um marinheiro.
man direct himself to my A sailor

Vinha sério e como que tímido.
(He) came serious and like [as if] that shy

Cumprimentou-me, cumprimentei-o.
(He) greeted me (I) greeted him

Eu estava à proa do vapor, vendo as ondas
I was at the prow of the steamer seeing the waves

passearem à luz do luar, que
pass to the light of the rays of the moon that

continuava admirável como na noite de meu
continued (to be) admirable as in the night of my

beijo. Era tarde.
kiss (It) was late

- "Sr. Júlio," disse o marujo, chamando-me pelo
Mr Julio said the sailor calling me by the
(by)

meu nome, "sem querer, eu o vi, noutro dia,
my name without wishing I you saw on another day

beijar uma moça... Queira acompanhar-me...
kiss a girl Wish accompany me
(If you please)

vai ver uma cousa interessante talvez para o
(You) go to see a thing interesting maybe to the

senhor..."
gentleman

Fui com o marinheiro para o tombadilho.
(I) went with the sailor to the deck

- Fique aqui e espere, mandou ele, indicando a
Stay here and wait ordered he indicating the

entrada do beliche de um meu amigo de bordo...
entrance of the bunk of a my friend of board
[a friend of mine] [on board]

solteiro e folião...
single and merry

Mal acabara o homem de falar, vi sair do
Hard finished the man of to speak (I) saw exit from the

beliche uma mulher...
bunk a woman

Júlia!
Julia

O marinheiro olhava-me com um ar compadecido.
The sailor watched me with an air sympathetic

Juro que tive ímpetos de dar uma bofetada
(I) swear that (I) had urges of to give a slap
(an urge) ()

neste homem de bem.
on this man of good
[to this good man]

III
III

Momentos depois, pensa o leitor que estava eu
Moments after thinks the reader that was I

resolvido a suicidar-me?...
resolved to suicide myself
(kill myself)

Dei uma gargalhada.
(I) gave   a   laughter

O Monstro

O MONSTRO (Humberto de Campos)
The Monster Humberto de Campos

Pelas margens sagradas do Eufrates, que fugia,
By the shores sacred of the Euphrates which fled

então, sem espuma e sem ondas,
then without foam and without waves

caminhavam, na infância maravilhosa da Terra,
walked in the childhood wonderful of the Earth

a Dor e a Morte. Eram dois espetros
the Pain and the Death (They) were two spectres
() ()

longos e vagos, sem forma definida, cujos pés
long and vague without form definite whose feet

não deixavam traços na areia. De onde vinham,
not left traces in the sand From where (they) came

nem elas próprias sabiam. Guardavam silêncio, e
not them selves knew Guarded silent and
(They kept)

marchavam sem ruído olhando as coisas
walked without sound looking at the things

recém-criadas.
recently-created

Foi isto no sexto dia da Criação. Com o
Was this on the sixth day of the Creation With the

focinho mergulhado no rio, hipopótamos
muzzle dipped in the river hippos

descomunais contemplavam, parados, a sua
huge contemplated standing the their
()

sombra enorme, tremulamente refletida nas águas.
shadow huge trembling reflected in the waters
[huge shadow]

Leões fulvos, de jubas tão grandes que pareciam,
Lions yellowish of manes so large that seemed

de longe, estranhas frondes de árvores louras,
from far strange fronds of trees blond

estendiam a cabeça redonda, perscrutando o
extended the head round looking inquisitively at the

Deserto. Para o interior da terra, onde o solo
Desert To the interior of the earth where the soil

começava a cobrir-se de verde, velando a sua
began to cover itself of green veiling to her
(with)

nudez com um leve manto de relva moça, que os
nudity with a light mantle of grass young that the

primeiros botões enfeitavam, fervilhava um mundo
first buttons adorned crowded a world

de seres novos, assustados, ainda, com a surpresa
of beings new frightened still with the surprise

miraculosa da Vida. Eram aves gigantescas,
miraculous of the Life (There) were birds gigantic
(of)

palmípedes monstruosos, que mal se sustinham
palm feeted monsters that badly itself supported
(webbed feeted)

nas asas grosseiras, e que traziam ainda na
on the wings coarse and which carried still in the

fragilidade dos ossos a umidade do barro
fragility of the bones a dampness of the clay

modelado na véspera. Algumas marchavam aos
modeled on the previous day Some walked at the

saltos, o arcabouço à mostra, mal vestidas pela
jumps the torso at display badly clothed by the
(hardly)

penugem nascente. Outras se aninhavam,
down growing Others themselves nestled

já, nas moitas sem espinhos, nos primeiros
already in the bushes without thorns in the first

cuidados da primeira procriação. Batráquios
care of the first procreation Batrachia
(frog like amphibian)

de dorso esverdeado porejando água, fitavam
of spine greenish dripping water fixed
(with)

mudos, com os largos olhos fosforescentes e
dumbly with the large eyes phosphorescent and

interrogativos, a fila cinzenta dos outeiros
interrogative the line gray of the hills

longínquos, que pareciam, à distância, à sua
far away that appeared at the distance at the their

brutalidade virgem, uma procissão silenciosa,
brute virginity a procession silent

contínua, infinita, de batráquios maiores. Auroques
continued infinitely of Batrachios great Aurochs
  [of huge frogs]

taciturnos, sacudindo a cabeça brutal, em que
taciturn shaking the head brutally in which

se enrolavam, encharcadas e gotejantes, braçadas
they rolled soaking and dripping arms full
  (bundles)

de ervas dos charcos, desafiavam-se, urrando,
of grasses from the puddles defying themselves howling

com as patas enfiadas na terra mole.
with the paws thrust into the earth soft
  (hooves)

Rebanho monstruoso de um gigante que os
Herd monstrous of a giant that them
(Like a herd)

perdera, os elefantes pastavam em bando,
lost the elephants grazed in flocks

colhendo
picking up

com a tromba, como ramalhetes verdes, moitas
with the trunk like bouquets green clumps

de arbustos frescos. Aqui e ali, um alce
of shrubs fresh Here and there an elk

galopava, célere. E à sua passagem, os outros
galloped fast And at the its passage the other
(at)

animais o ficavam olhando, como se perguntassem
animals it were watching as if (they) asking

que focinho, que tromba, ou que bico, havia
what muzzle what trunk or what beak had

privado das folhas aquele galho seco e
deprived of the leaves that branch dry and

pontiagudo que ele arrebatava na fuga. Ursos
sharp that he robbed away in the flight Bears
(in)

primitivos lambiam as patas, monotonamente. E
primitive licked the paws monotonously And

quando um pássaro mais ligeiro cortava o ar,
when a bird more light cut the air

num   vôo   rápido,   havia   como   que   uma
in a   flight   rapid   (there) was like   that   a

interrogação   inocente   nos   olhos   ingênuos   de
questioning   innocent   in the   eyes   naive   of

todos   os   brutos.
all   the   brutes

Em   passo   triste,   a   Dor   e   a   Morte   caminham,
In a   step   sad   the   Pain   and   the   Death   walked
                          ()   ()

olhando,   sem   interesse,   as   maravilhas   da
gazing   without   interest   at the   wonders   of the

Criação.   Raramente   marcham   lado   a   lado.   A
Creation   Rarely   marched (they)   side   by   side   The

Dor   vai   sempre   à   frente,   ora   mais   vagarosa,
Pain   went   always   at the   front   now   more   slow

ora   mais   apressada;   a   outra,   sempre   no   mesmo
now   more   pressed   the   other   always   in the   same
                 (fast)

ritmo,   não   se   adianta,   nem   se   atrasa.
rhythm   not   itself   advances   not   itself   delays

Adivinhando, de longe, a marcha dos dois
Guessing from far the march of the two

duendes, as coisas todas se arrepiam, tomadas
goblins the things all itself shiver taken

de agoniado terror. As folhas, ainda mal
of agonized terror The leaves still badly

recortadas no limo do chão, contraem-se,
cut in the slime of the ground contract themselves

num susto impreciso. Os animais entreolham-se
in a fright imprecise The animals eye eachother

inquietos e o vento, o próprio vento, parece
uneasily and the wind the itself wind seems
[wind itself]

gemer mais alto, e correr mais veloz à
to moan more loader and to run more fast at the

aproximação lenta, mas segura, das duas inimigas
approach slow but secure of the two enemies

da Vida.
of the Life
(of)

Súbito,   como se a detivesse um grande braço
Immediately   as   if it held back by a   great   arm

invisível, a Dor estacou, deixando aproximar-se
invisible the Pain stopped   letting approach-himself
                                              (approach)

a companheira.
the   companion

Para que mistério - disse, a   voz   surda, -
To what mystery (he) said at (a) voice dampened
                              (with)

para que mistério teria Jeová, no   capricho da
to what mystery has Jehova in the   whim of the
                                        (of)

sua onipotência, enfeitado a terra de tanta
his omnipotence adorned the earth of so many
                                 (with)

coisa curiosa?
thing strange

A Morte estendeu os olhos perscrutadores até
The Death extended the eyes   searching   up to

os limites do horizonte, abrangendo o rio e
the limits of the horizon encompassing the river and

o Deserto, e observou, num sorriso macabro,
the Desert and observed in a smile macabre

que fez rugir os leões:
that made roar the lions

- Para nós ambas, talvez...
For us both maybe

- E se nós próprias fizéssemos, com as nossas
And if we ourselves would make with the our
()

mãos, uma criatura que fosse, na terra, o
hands a creature that would be on the earth the

objeto carinhoso do nosso cuidado? Modelado
object tender of the our care Modeled
(of)

por nós mesmas, o nosso filho seria, com
by our selves the our son would be with
()

certeza, diferente dos auroques, dos ursos,
certainty different from the aurochs from the bears

dos mastodontes, das aves fugitivas do céu
from the mastodonts from the birds flightful of the sky

e — and
das — from the
grandes — great
baleias — whales
do — of the
mar. — sea
Tra-lo-íamos, — We would take it

eu — I
e — and
tu, — you
em — in
nossos — our
braços, — arms
fazendo — making
do — of the (of)
seu — its

canto, — song
ou — or
do — of the (of)
seu — its
urro, — howl
a — the
música — music
do — of the (of)
nosso — our

prazer... — pleasure
Eu — I
o — it
traria — would take
sempre — always
comigo, — with me

embalando-o, — cradling it
avivando-lhe — reviving him
o — the
espírito, — spirit

aperfeiçoando-lhe — perfectioning him
à — to the
alma, — soul
formando-lhe — forming him
o — the

coração. — heart
Quando — When
eu — I
me — myself
fatigasse, — weary
tomá-lo-ias, — (you) would take it

tu, — you
então, — then
no — in
teu — your
regaço... — lap
Queres? — Do (you) want to?

A — The
Morte — Death
assentiu, — assented (nodded)
e — and
desceram, — (they) descended
ambas, — both
à — to the

margem   do   rio;   onde   se   acocoraram,
shore   of the   river   where   themselves   squatted

sombrias,   modelando   o   seu   filho.
somber   modeling   the   their   son
()

\-   Eu   darei   a   água...   -   disse   a   Dor,
I   will give   the   water   said   the   Pain

mergulhando   a   concha   das   mãos,   de   dedos
submersing   the   shell   of the   hands   of   fingers
(of his)

esqueléticos,   no   lençol   vagaroso   da   corrente.
skeletal   in the   surface   slow   of the   current

\-   Eu   darei   o   barro...   -   ajuntou   a   Morte,
I   will give   the   clay   added   the   Death

enchendo   as   mãos   de   lama   pútrida,   que   o   sol
filling   the   hands   of   mud   putrid   that   the   sun

endurecera.
hardened

E   puseram-se   a   trabalhar. Seca   e   áspera,
And   (they) set themselves   to   work   Dry   and   rough

a   lama   se   desfazia   nas   mãos   da   oleira
the   mud   itself   fell apart   in the   hands   of the (of)   potter

sinistra que, assim, trabalhava inutilmente.
sinister who thus worked in vain

- Traze mais água! - pedia.
Bring more water (he) asked

A   Dor   enchia   as   mãos   no   leito   do   rio,
The   Pain   filled   the   hands   in the   bed   of the   river

molhava   o   barro,   e   este,   logo,   se   amoldava,
wet   the   clay   and   this   soon   itself   conformed

escuro,   ao   capricho   dos   dedos   magros   que   o
dark   to the   whim   of the   fingers   thin   that   it

comprimiam.   O   crânio,   os   olhos,   o   nariz,   a
compressed   The   skull   the   eyes   the   nose   the

boca,   Os   braços,   o   ventre,   as   pernas,   tudo   se
mouth   The   arms   the   belly   the   legs   all   itself

foi formando,   a   um   jeito,   mais   forte   ou   mais   leve,
was forming   to   a   way   more   strong   or   more   light

da   escultora silenciosa.
of the   sculptor   silent
(by the)

- Mais água! - pedia   esta,   logo   que o   barro
More   water   asked that one as soon that the   clay
                                              (as)

se   tornava menos dócil.
itself became   less   docile

E   a   Dor enchia   as mãos   na   corrente, e
And   the Pain would fill the hands in the   current   and

levava-a   à   companheira.
carry it   to the   companion
          (to his)

Horas   depois,   possuía   a   Criação   um   bicho
Hours   after   possessed the Creation   a   creature

desconhecido. Plagiado   da   obra divina, o   novo
unknown   Plagiarized of the work divine   the   new

habitante   da   Terra não   se   parecia com os
inhabitant   of the Earth not   himself looked   like   the

outros, sendo, embora, nas suas particularidades,
others   being   although   in   his   peculiarities

uma reminiscência de todos eles. A sua juba
a reminiscense of all (of) them The his mane
()

era a do leão; os seus dentes, os do lobo;
was that of the lion the his teeth those of the wolf
()

os seus olhos, os da hiena; andava sobre dois
the his eyes those of the hyena (he) went on two
()

pés, como as aves, e trepava, rápido, como os
feet like the birds and climbed fast as the

bugios.
howler monkeys

O seu aparecimento no seio da animalidade
The his appearance in the bosom of the animality
() (animal kingdom)

alarmou a Criação. Os uros, que jamais se
alarmed the Creation The bears that never itself

haviam mostrado selvagens, urravam alto, e
had showed wild howled loudly and

escarvavam o solo, à sua aproximação. As
scoured the ground at the his approach The
(at)

aves piavam nos ninhos, amedrontadas e os
birds chirped in the nests frightened and the

leões, as hienas, os tigres, os lobos,
lions the hyenas the tigers the wolves

reconhecendo-se nele, arreganhavam o dentes ou
recognizing-themselves in it grinned the teeth or

mostravam as garras, como se a terra
showed the claws as if the earth

acabasse de ser invadida, naquele instante, por
finished of to be invaded in that moment by
[had just been]

um inimigo inesperado.
an enemy unexpected

Repelido pelos outros seres, marchava, assim, o
Repelled by the other beings walked thus the

Homem pela margem do rio, custodiado pela
Man at the shore of the river guarded by the

Dor e pela Morte. No seu espirito inseguro,
Pain and by the Death In the his spirit insecure
(In)

surgiam, às vezes, interrogações inquietantes.
surged at the times questions disturbing

Certo, se aqueles seres se assombravam à
Certainly if those beings itself astonished at the
(at)

sua aproximação, era porque reconheciam,
his approach (it) was because (they) recognized

unânimes, a sua condição superior. E assim
unanimously the his condition superior And thus
()

refletindo, comprazia-se em amedrontar as aves,
reflecting pleased-himself in frightening the birds

e em perseguir em correrias desabaladas pela
and in persecuting in runs unbroken by the

planície, ou pela margem do rio, esquecendo
plain or by the bank of the river forgetting

por um instante a Dor e a Morte, os gamos,
for a moment the Pain and the Death the deer

os cerdos, as cabras, os animais que lhe pareciam
the pigs the goats the animals that him seemed

mais fracos.
more   weak

Um dia, porém, orgulhosas do seu filho, as duas
One day however   proud   of the their son the two
                                   (of)

se   desavieram,   disputando-se   a   primazia
themselves got into a fight disputing eachother the primacy

na criação do abantesma.
in the creation of the   phantasm
(of the)

- Quem o criou fui eu! - dizia a Morte. - Fui
  Who it created was me   said the Death   (It) was

eu quem contribuiu com o barro!
I   who contributed with the clay

- Fui eu! - gritava a outra. - Que farias tu
   (It) was I   shouted the other   What would do you

sem a água, que amoleceu a lama?
without the water that softened the mud

E   como   nenhuma   voz   conciliadora   as
And   as   no   voice   conciliatory   them

serenasse,   resolveram,   as   duas,   que   cada
would calm down   (they) resolved   the   two (of them)   that   each

uma   tiraria   da   sua   criatura   a   parte   com   que
one   take   from the   their   creature   the   part   with   that
             (from)

havia   contribuído.
(he) had   contributed

- Eu   dei   a   água!   -   tornou   a   Dor.
   I   gave   the   water   answered   the   Pain

- Eu   dei   o   barro!   -   insistiu   a   Morte.
   I   gave   the   clay   insisted   the   Death

Abrindo   os   braços,   a   Dor   lançou-se   contra   o
Opening   his   arms   the   Pain   threw himself   at   the

monstro,   apertando-o,   violentamente,   com   as
monster   clutching it   violently   with   the

tenazes   das   mãos.   A   água,   que   o   corpo
pincers   of the   hands   The   water   that   the   body

continha,   subiu,   de   repente,   aos   olhos   do
contained   rose   of   unexpected   to the   eyes   of the
                       [suddenly]

Homem, e começou a cair, gota a gota...
Man and started to fall drop by drop

Quando não havia mais água que espremer, a
When not had more water to squeeze out the
(there was)

Dor se foi embora. A Morte aproximou-se,
Pain himself made away The Death approached

então, do monte de lama, tomou-o nos ombros,
then to the mount of clay took it on the shoulders

e partiu...
and left

Dia De Gala

DIA DE GALA (Raul Pompéia)
Day   Of   Gala   Raul   Pompeia

Era   duplamente   dotada   de   fibra   e   de
(She) was   doubly   gifted   of   fiber   and   of
                                            (spirit)

imaginação; com   este   aparelho   arma-se   uma
imagination   with   this   apparatus armed itself   a

criatura terrível; terrível ou deliciosa: pontos de
creature   terrible   terrible or   delicious   points   of

vista. Para completar, moça   e   viúva.
view   To   complete (it)   girl   and   widow

A   viuvinha   sofria,   assim,   de   uma   viuvez
The   young widow suffered therefore of   a   widowhood

carnal, saudade orgânica   do   esposo (esposo aqui
carnal   longing   organic   of the husband   husband   here

61

em   gênero,   não   em   caso)   como   deve   padecer   a
in   general   not   in   case   like   must   suffer   the

roda dentada,   da   ausência   absurda   da
wheel teethed   from the   absence   absurd   of the
[cog wheel]

engrenagem conjugante.
gear   conjugating

Era   religiosa.   No   êxtase   da   crença,
(She) was   religious   In the   extasy   of the   belief
(of her)

oferecia   aos   numes   do   oratório   o   sacrifício
(she) offered   to the   numbers   of the   oratory   the   sacrifice

difícil   dos   seus   desgostos.
difficult   of the   her   sorrows
(of)

Na   restrita   pobreza   dos   recursos   de   costureira,
In the   strict   poverty   of the   resources   of   seamstress

por   meio   de   vida,   faltavam-lhe   divertimentos.   Ela
for   way   of   life   lacked her   amusements   She

morava   ali,   no   largo   do   Paço,   naquela   casa   de
lived   there   in the   Largo   do   Paco   in that   house   of

perspectiva secular que parece como uma boa
perspective secular that seems like a good

velha antiquíssima a debruçar-se para a gente a
old lady ancient to bend herself to the people to

contar histórias do Sr. D. João VI, que Deus
tell stories of the Sir D. John VI that God

tenha. Valia-lhe de prazer o panorama do
holds Valued her of pleasure the view of the
(blesses him)

mar e por exceção, na monotonia da vida, as
sea and by exception in the monotony of the life the

procissões do Carmo e as paradas de grande
processions of the Carmo and the parades of great

gala
gala

As procissões produziam-lhe um meio enlevo
The processions produced her a half enlightenment

beato, agradável como uma baforada de incenso,
beatific pleasant as a puff of incense

63

mas   triste   no   fundo: como   em   geral   nas
but   sad   in the   bottom   like   in   general   in the
       [in essence]

solenidades   eclesiásticas   parecidas   todas   com   um
solemnities   of the church   similar   all   with   a
       (to)

funeral.   O   seu   melhor   prazer   eram   as   paradas.
funeral   The   her   best   pleasure   were   the   parades
       ()

Fazia-lhe   gosto   à   viuvez   solitária   ver   em
Made her   pleasure   to the   widow   solitary   to see   en
[It pleased the]

massa   tantos   homens   fortes.
masse   so many   men   strong

As   dragonas,   sacudindo   ouro   aos   ombros   de   alta
The   epaulets   shaking   gold   at the   shoulders   of   high

patente,   as   baionetas   cintilando   à   grande   gala
rank   the   bayonets   gleaming   at the   great   gala

do   sol,   percorridas   de   frêmitos   incertos,   como
of the   sun   traversed   of   tremors   uncertain   like
       (with)

uma   seara   metálica,   os   penachos   cor-de-rosa
a   wheat field   metalic   the   plumes   color of rose

da oficialidade, arrufando as penas como aves
of the officiality ruffling the feathers like birds (bird-)

guerreiras sobre as barretinas e a temerosa
warriors over the berets and the fearful

cavalaria, mascando impaciência, transpirando
cavalery chewing impatience sweating

espuma sob os arreios, os possantes corcéis
foam under the harness the mighty war horses

apeados de estátuas eqüestres. E o tinir
taken down from statues equestrian And the jingling
[looking like]

seco das bainhas contra as esporas e as vozes
dry of the sheathes against the spores and the voices

nervosas impertinentes de comando, na boca de
nervous impertinent of command in the mouth of

capitães obesos e as salvas à hora do
captains obese and the salvos at the time of the

beija-mão, na marinha de guerra e nas
kiss-hand in the navy of war and in the
(subduing)

fortalezas. O rumor, o espetáculo produziam-lhe
fortresses The noise the spectacle produced her

estranho abalo. Ela pensava em combates,
(a) strange shock She thought in battles
(of)

multidões armadas atropelando-se, desaparecendo
mobs armed trampling eachother disappearing

em fumo, surgindo em sangue; pensava nos
in smoke rising in blood (she) thought in the
(of the)

acampamentos cobertos de tendas e marmitas;
camps covered of tents and kettles
(with)

deixava-se levar na meditação imaginadora a
(she) let herself be taken in the meditation imaginative to

conceber a reação de amor selvagem dessas
conceive the reaction of love wild of these

populações nômades sem família, depois de uma
populations nomadic without family after of a

jornada de morticínio; pensava nas mulheres
journey of slaughter (she) thought in the women
(day) (of the)

do — campo — dos — lugares — por — onde — passa — um
of the — camp — of the — places — for — where — passes — an

exército — e — nas — vivandeiras — moças; — pensava
army — and — in the (of the) — local living — young women — (she) thought

com — terror — lascivo — nas — cidades — entregues — ao
with — terror — lascivious — in the (of the) — cities — given — to the

saque, — em — que — os — soldados — acham — que — vale
plunder — in — that — the — soldiers — think — that — it is worth

a — pena — poupar — a — vida — às — mulheres; — ocorria-lhe
at — pain [hardly] — to spare — the — life — of the — women — occurred-her

um — episódio — da — campanha — russo-turca, — citado
an — episode — of the — campaign — russian-turkish — cited

no — Jornal — do — Comércio: — quarenta — mulheres
in the — Journal — of the (of) — Commerce — forty — women

vitimadas — por — um — batalhão — inteiro, — num — paiol
made victim (killed) — by — a [an entire battalion] — battalion — entire — in an — warehouse

abandonado, — entre — elas — uma — de — doze — anos
abandoned — between — them — one — of — twelve — years

apenas... a medida que passeava ao longo das
just at measure that (she) passed at the length of the

filas um binóculo de teatro, visitando a infinidade
rows a binoculars of theater visiting an infinite

de caras, bronze fundidos na soalheira das
of faces bronze cast in the sun of the

marchas.
marches

Não foi, porém, na predisposição comum que
Not (it) was however in the predisposition common that

a surpreendeu aquela data: dois de dezembro.
her surprised that date second of December

Sentia-se presa de um mal-estar indefinido,
(She) felt herself trapped of a unwell-being undefined
(in) (malaise)

um alvoroço no organismo que a inquietava
an upheaval in the organism that her troubled
(body)

como a iminência de uma crise, um desassossego
like the imminence of a crisis a restlessness

de
of

espírito que lhe tolhia a atenção para o
spirit   that her held the attention to the
                  (prevented)

trabalho, impossibilitando mesmo que lhe morasse
work   making it impossible even that her reside

no cérebro por dois segundos a mesma idéia,
in the brain for two seconds the same idea

ímpetos de choro sem causa, vontade louca de
instincts of crying without (a) cause (a) want mad of
                                                  ()

rolar no chão em assomos de convulsões.
to roll on the floor in eruptions of convulsions

Dois de dezembro, cortejo no
(The) second of December courtship in the
                          (ball)

Paço da cidade
Hall of the city
[City Hall]

Era um presente de céu aquela data, pensava
(It) was a gift from heaven that date thought

ela desfolhando o calendário à parede.
she taking leafs off the calendar at the wall

Pertencia-lhe a grande gala. O que em outra
It belonged to the great gala That what in (an)other

ocasião fora um divertimento, naquele dia era
occasion was a diversion in that day (it) was
(amusement)

uma necessidade; naquele dia, distrair-se era
a necessity in that day to distract herself was

um curativo.
a medicine

Às onze e meia já lá estavam os
To the eleven and (a) half already there were the

pelotões em forma. Pelas objetivas do
platoons in shape Through the lenses of the

binóculo começou a passar a tropa
binoculars began to pass the troop

sucessivamente, em revista sui generis da
sucessively in inspection of its own kind of the
(under) (latin)

curiosidade feminina. Uma por uma sucediam-se
curiosity feminine One by one followed eachother

as caras da soldadesca em cerrada continuidade
the faces of the sodiery in closed continuity

de galeria numismática. E do sótão ignorado
of galery numismatic And from the balcony ignored

caíam, chuva de rosas sobre as fileiras, olhares de
fell (a) rain of roses over the rows eyes of

simpatia tão bons, tão expansivos que
sympathy so good so expansive that

fariam esquecer o serra-fila ao
(they) would make forget the closed rank to the

galucho basbaque que os colhesse no ar.
new draft daft that them (he) caught in the air
[dumb new soldier]

Tinham decidida preferência as fisionomias
(They) had decided preference to the physiognomies

duras, virís, douradas a fogo pelo verão das
hard manly gilded to fire by the Summer of the

campanhas, riscadas de preto no vinco das
campaigns scratched of black in the crease of the

rugas, indelével gravura do rictos de
wrinkles indelible engraving of the grin of
(latin: ricto)

severidade marcial que é como o uniforme dos
severity martial that is like the uniform of the

rostos. Mas, que interessante variedade! as faces
faces But what interesting variety the faces

deformadas por um gilvaz glorioso e devastador,
deformed by a cut scar glorious and devastating

outras picadas de varíola em caprichosas
others stung by smallpox in capricious

granulações de carne; cá, um semblante de
grains of flesh here a countenance of

criança grandes olhos negros sobre malares
(a) child great eyes black over cheekbones

proeminentes do Norte, nadando em candura,
prominent of the North swimming in candor

ao lado da baioneta feroz; mais além, uma
to the side of the bayonet fierce more on top a
[beyond]

cara branca, crivada de sardas, sobrancelhas louras
face white riddled of freckles eyebrows blond

ásperas; algumas reclamando a baixa do serviço
rough some claiming the low of the service
(weight)

ativo na expressão mórbida; em compensação,
active in the expression morbid in compensation

algumas apopléticas, sufocadas na gravata de
some apoplectics suffocated in the tie of

couro como no laço de uma forca.
leather like in the noose of a gallows

A viúva olhava como se aspirasse de longe
The widow watched as if (she) breathed in from far

a emanação do pano grosso das fardas
the emanation of the cloth thick of the uniforms

suarentas, úmidas às axilas e na constrição
sweaty damp to the armpits and in the constriction

dos talims.
of the shoulder belts

Depois   o   binóculo   visitava   os   oficiais.   Era
After (that)   the   binoculars   visited   the   officers   (That) was

outra   coisa.   A   rudez   militar   suavizava-se
(an)other   thing   The   roughness   military   softened itself

geralmente   em   fisionomias   elegantes,   peles
usually   in   physiognomies   elegant   skins

aristocráticas   amaciadas   na   sinecura   das
aristocratic   softened   in the   sinecure   of the

comissões   de   paz,   carinhas   guardadas   em   algodão
commissions   of   peace   little faces   kept   in   cotton

e   perfumadas   para   a   ostentação   oportuna   das
and   perfumed   for   the   ostentation   timely   of the

paradas,   altivas,   sobre   a   plebe   do   exército,
parades   haughty   over   the   plebs   of the   army

como   lambrequins   de   luxo   sobre   uma   torre   de
like   drapery   of   luxury   over   a   tower   of
   [luxurious mantling]

ferro,   militares   de   salão   meigos   e   amáveis   que
iron   militaries   of   salon   gentle   and   amiable   that
   [drawing room soldiers]

possuem palas de tartaruga para
possessed collar pins of tortoise for

a rua do Ouvidor e frascos de brilhantina
the avenue of the Ouvidor and bottles of brillantine
[Rio's main road]

para a perpétua frescura do bigode; soldados
for the perpetual freshness of the mustache soldiers

queridos de outras mulheres, não dela, dessas
loved of other women not of her of those
(by) (by her) (by those)

mulheres masculinas que desejam no homem o
women masculine that desire in the man the

desconto do que no próprio caráter há de
lack of it what in the own character (she) has of

mais. Ela preferia os oficiais de grosso trato, que
more She preferred the officers of rough treat that
[rough-and-tumble]

lembravam o marido, um bravo do Paraguai,
resembled the husband a bloke from the Paraguay
(her) (from)

que lhe morrera nos braços não sei por que,
that her died in the armes not (I) know for what

talvez mesmo porque ela o amara muito.
perhaps same because she him loved very much
     (precisely)

Ia por estas conjunturas quando o
Went through these conjectures when the
(She was going)

binóculo parou sobre o rosto do capitão
binoculars stopped on the face of the captain
     (of)

Mauro, do 13.o, formado ali, sob as janelas
Mauro of the 13th formed there under the windows
     (in formation)

do Paço.
of the Palace

Fazia um tempo admirável. A pobre solitária
Made a weather admirable The poor lone woman
(It was)

bebia tentações no ambiente da praça, sobre
drank temptations in the ambience of the square on

a florescência de sangue dos flamboyants.
the flowering of blood from the flamboyant men

Formosa era ela. Não achava segundo marido
Very beautiful was she Not acquired (she) (a) second husband
   [She was beautiful]

por muitas razões, a primeira: por essa
for many reasons the first for this

desconfiança que persegue as belas viúvas, muito
distrust that persecuted the beautiful widows very

razoável em teoria, mas injusta de fato. Muitas
reasonable in theory but unjust of fact Many
[indeed]

razões ou, pode ser, simplesmente para dar
reasons where can be simply to give
[maybe]

assunto a esta narrativa.
case to this narrative

Foi um relâmpago.
(It) was a flash

- Emília!
Emilia

Emília era a criada, trefegazinha e esperta.
Emilia was a servant small and smart

Discreta ou não, no momento convinha que
Descreet or not in the moment (it) suited that

fosse.   Foi-lhe   confiado   este   bilhete   em   letra
(she) was   Was her   entrusted   this   note   in   (a) writing

miúda   e   nervosa,   este   lacônico   bilhete:
small   and   nervous   this   laconic   note

"Hoje,   às   quatro   horas,   sr.   capitão,   espera-o
Today   at the   four   hours   sir   captain   await him

alguém   na   rua...   numero...   para   dizer-lhe
someone   on the   street   number   to   tell you

duas   palavras   amáveis."
two   words   kind
[some kind words]

O   lugar   do   encontro   era   a   casa   de   uma   amiga
The   place   of the   encounter   was   the   house   of   a   friend

ausente,   de   que   tinha   a   chave   a   viuvinha.
absent   of   that   had   the   key   the   little widow

A   nossa   heroína   esperou   que   a   carta   tivesse
The   our   heroine   waited (for it)   that   the   letter   had
 ()

partido   para   arrepender-se,   mas   o   arrependimento
left   for   to repent herself   but   the   regret

foi vivíssimo. Aterrou-se com a imagem da
was very vivid (She) was scared with the image of the

temeridade a que se arrojara. Ela conhecia o
boldness to that herself (she) dared She knew the

capitão Mauro, freqüentador da casa nos
captain Mauro frequent visitor of the house in the

tempos do marido. Um homem atirado, audaz
times of the husband A man shot audacious
[shooter]

para todas as empresas, na sua construção de
for all the interprises in the his construction of

aço e saúde. Estava sinceramente arrependida.
steel and health (She) was sincerely sorry

Tranqüilizou-a, felizmente, o alea jacta dos
Calmed her fortunately the dice thrown of the

supremos apertos, acolitado pela ponderação de
supreme urgence assisted by the consideration of

que não custava nada
that not (it) cost not at all
[it wasn't difficult]

deixar o capitão bater com o nariz na porta.
to let the captain slam with the nose in the door
[to slam the door in the captain's nose]

Emília tinha ordem de acompanhar o batalhão
Emilia had order of to acompany the battalion

no fim do cortejo e entregar a missiva no
in the end of the parade and deliver the message in the

quartel.
barracks

A viúva avistou no largo a criada
The widow caught sight of on the square the servant

insinuando-se pela multidão. Viu sair o
inserting herself through the crowd (She) saw exit the

imperador, no coche de ouro, para S. Cristóvão,
emperor in the coach of gold to St. Cristopher

com os seus Polichinelos sovados de libré verde
with the his puppets worn down of livery green
 () (type of suits)

e galões largos à traseira e os
and trimmings wide at the back and the

empoeirados jóqueis, dirigindo a atrelagem, de
dusty jockeys driving the span of
(with)

corpete curto, camisa a mostra, sobre
bodice short blouse to show over
[open at the top]

o cós dos calções e a cavalaria lascando
the waistband of the shorts and the cavalry chipping
[the shorts over the waistband]

a calçada com a violência do galope; viu
the pavement with the violence of the gallop (she) saw

afinal desfilar a tropa música à frente. Nunca
finally parade the troop music at the front Never

lhe pareceram tão verdes as bandeiras cobrindo
her seemed so green the flags covering

os pelotões, abertas amplas ao vento do mar.
the platoons open wide at the wind of the sea
(in the)

Depois, distraidamente foi ao guarda-roupa e
After (that) absentmindedly went to the wardrobe and

tirou uma pequena máscara que lá estava,
took out a small mask that there was

velha	lembrança	de	um	baile.	Com	a	tesourinha
old	memory	of	a	ball	With	the	little scissors

pôs-se	a	cortar	o	veludo,	alargando	o
(she) set herself	to	cut	the	velvet	enlarging	the

rasgão	dos	olhos	o	mais	possível;	deixando
tear (opening)	of the	eyes	the	most	possible	leaving

bastante	pano,	contudo,	para	que	não	a
enough	cloth	however	to	that	not	her

reconhecesse	o	capitão	Mauro.	Pobrezinha!	Como
recognized	the	captain	Mauro	Poor thing	As

se	já	não	estivesse	decidida	a	afogar
if	already	not	(she) was	decided	to	drown

brutalmente	no	peito	mais	aquele	sonho
brutally	in the	chest	more	that	dream

culpado...
guilty

Apesar	dos	impedimentos	possíveis	da	disciplina,
In spite	of the	impediments	possible	of the	discipline

o nosso oficial à noutinha, mandava apalpar as
the our officer at the little club ordered to feel the

dragonas perguntando se não sentiam ainda o
epaulettes asking if not (they) felt still the

metal quente - da insolação do cortejo, é
metal hot from the insolation of the courtship (it) is
(warming up)

possível, mas provavelmente de um colar de
possible but probably from a necklace of
(embrace)

braços nus que o haviam estrangulado. Agora
arms naked that him had strangled Now

é que sei, notava mais, o que é ter
(it) is that (I) know notice more that what (it) is to have

amor à farda.
love for the uniform

E muito tempo depois, entre outras boas
And much time later between other good

histórias de sacristia, um padre do Carmo
stories of sacristy a priest of the Carmo

contava, sem violação do sigilo, o que certa
told without violation of the seal that that certain
               (breach)   (secrecy)

confissão lhe dissera de um dia de gala na
confession him told of one day of gala in the

monotonia triste da viuvez.
monotony sad of the widowhood

A Guerra

A GUERRA (Alberto Leal Barradas Monteiro Braga)
The / War

Logo abaixo dos açudes, ficava de uma banda
Just / below / of the (the) / reservoirs / was located / of / a / side

do rio a azenha do Euzebio moleiro, e
of the / river / the / watermill / of the (of) / Euzebio / miller / and

da margem opposta, um pouco mais abaixo, a
of the / shore / opposite / a / bit / more / lower / the

azenha do tio Anselmo.
watermill / of the (of) / uncle / Anselmo

Eram dous velhotes viuvos, de bons sessenta
(They) were / two / elderly / widows / of / (a) good / seventy

annos, e amigos desde creanças. Para
years / and / friends / since / children (childhood) / For

contradicção do anexim popular, estes dois
contradiction of the proverb popular these two

moleiros queriam-se como dois irmãos, a
millers wished themselves like two brothers at

despeito de serem do mesmo officio.
despite of being of the same profession

Parece que o rio, n'aquelle sitio, era até mais
(It) seems that the river in this place was even more

pittoresco! Por detraz das azenhas descia a
pittoresque To behind of the watermills (it) descended the
[Behind]

enfesta de uma cerrada deveza de carvalhos
top of a closed forest division of oaks
(with)

e sobreiros, com o atalho aberto ao meio,
and cork oaks with the shortcut open to the half

que era por onde seguiam os machos carregados
that was for where followed the males loaded

com os taleigos da fornada. Mesmo á ourela
with the sticks of the load Even at the edge
[carrying poles]

havia — alguns — amieiros — e — choupos, — que — se
had — some — alders — and — poplars — that — themselves
(there were)

debruçavam — sobre — o — rio. — As — aguas — cahidas — nos
leaned — over — the — river — The — waters — fallen — in the

açudes, — vinham — costeando — uma
reservoirs — came — coasting — a
— — (splashing against)

gandara, — escondiam-se — em — meio — de
bushy uncultivated wetland — hiding themselves — in — (the) middle — of
(spanish)

um — canavial, — e — surgiam — depois — mais — limpidas — até
a — cane field — and — came up — after — more — cleaner — until
— — — (appeared)

ás — rodas — do — moinho, — que — as — marulhavam — e
to the — wheels — of the — mill — which — them — pounded — and

batiam — constantemente.
beat — constantly
— (continually)

No — verão, — quando — a — levada — era — minguada,
In the — Summer — when — the — water current — was — diminished

os — dois — velhotes — visitavam-se — a — miudo,
the — two — old men — visited eachother — at — frequent
— — — — — [often]

atravessando **destemidamente** **pelas** **poldras;**
crossing fearlessly over the stepping stones

mas, quando as chuvas do outomno principiavam
but when the rains of the Autumn began
(of)

a tornar o rio caudaloso, limitavam-se
to turn the river flow full (they) limited themselves
(make)

então a falar d'um lado para o outro. Era
then to talk from one side to the other (It) was

triste! Já tão velhotes! E depois dizia o
sad Already so old And then said the

Euzebio:
Euzebio

- Anselmo, fala mais alto, que te não oiço.
Anselmo speak more loud that you not (I) hear

-O que é? - perguntava o outro, inclinando o
It what is asked the other tilting the
[What is it]

pavilhão da orelha.
pavilion of the ear
(of his)

O Euzebio fazia um porta-voz com as mãos, e
The Euzebio made a carry-voice with the hands and
(mouthpiece)

gritava:
shouted

- Não te intendo.
Not you (I) understand

Quando chegavam a falar, concordavam sempre
When (they) came to speak (they) agreed always

que era o barulho das rodas do moinho, que
that (it) was the noise of the wheels of the mills that

os não deixava ouvir. Isso sim! Era o peso
them not let hear Exactly yes (It) was the weight

dos annos que os tinha quasi surdos de
of the years that them made almost deaf of

todo. Pobres velhos!
everything Poor old men

O Euzebio tinha um filho, que era um rapagão de
The Euzebio had a son who was a boy of

vinte   e   dois annos, como um castello! Ainda o
twenty and two   years   like   a   castle   Still   the

dia vinha longe,   já   elle estava a trabalhar, que
day   was   far off already he   was   to   work   that
           (early)

era um regalo a gente vel-o.
(it) was a   gift   to people to see it

- Lida como um moiro! - diziam os conhecidos.
  Fights   like   a   moor   said   the acquaintances
  (Works)

E   se havia esfolhada,   ou   espadellada,
And itself had   de-leafing   or   (a) scutch
    [there was] (removal of leaves)   (removal of bast from flax)

quem lá não faltava era elle.
who   there not   failed was he

O   pae, que, n'outros tempos, tinha sido um
The father that in other   times   had   been   a

folião, dizia-lhe, á bôcca da noite:
reveler said-him at the mouth of the night

- Simão, se tens de ir a algures, parte, que
  Simano if (you) have of to go to anywhere leave that

eu cá fico, para aviar os freguezes.
I here stay to dispense with the customers
(arch: freguês)

- Estava arranjado! - respondia o moço a rir.
(It) is arranged replied the young one to laugh

- Vocemecê já deu o que tinha a dar.
You already gave that what (you) had to give

Agora coma e beba, e deixe-me cá com a
Now eat and drink and let me here with the

vida!
life

Primeiro que tudo estava a sua obrigação. O
(The) first than all was the his obligation The

rapaz assim que não tinha mais freguezes a
boy as soon that not had more customers to

aviar, fechava a ucha do moinho, e partia
dispense with closed the crib of the mill and left

então para a brincadeira.
then to the games

E o velhote do pae, quando alguem lhe
And the old man of the father when someone him

contava as diabruras do filho, parece que até a
told the foolishness of the son seems that even the

alma se lhe ria na menina dos olhos.
soul itself him laughed in the apple of the eyes

O Anselmo tinha uma filha. Chamava-se ella
The Anselmo had a daughter Called-herself she

Margarida, e era formosa, d'aquella formusura
Margarida and (she) was beautiful of such beauty

campesinha, sem artificio, jovial e expansiva. Em
of a farmer not artificial jovial and expansive In

dotes do coração - que é a principal belleza! -
gifts to the heart what is the principal beauty

nem as mais virtuosas a excediam.
nor the most virtuous to exceed

Desde pequenina foi Margarida creada com Simão.
From small was Margarida created with Simano
(when small) (meant for)

Se não ficasse mal estabelecer agora parallelos
If not turn out bad to establish now stories

já sabidos e repetidos, estava em dizer que
already known and repeated (it) was in to say that

os dois se queriam e estimavam como
the two themselves loved and esteemed like

Paulo e Virginia.
Paulo and Virginia

Quando os quinze annos de Margarida, que era
When the fifteen years of Margarida, that was
(who)

mais nova dois do que Simão, vieram pôr
more young two of the than Simano (they) came to put

termo aos brinquedos d'infancia, então principiou
(an) end to the games of childhood then began

elle a olhal-a com aquelle respeito com que se
he to look at her with that respect with what one

olha para uma irmã mais velha.
looks to a sister more older

Mas vá-se desde já sabendo que esse respeito
But let us go from already knowing that this respect

não estorvava, antes acrysolava um outro
not hindered before crystalized an other

sentimento, que principiava a exercer e a avultar
sentiment that began to exercise and to grow

no generoso coração do rapaz.
in the generous heart of the boy

Margarida, quando Simão lhe falava na sua
Margarida when Simano her spoke in the his

tristeza e no seu amor, fingia-se contrariada,
sadness and in the his love pretended to be annoyed

carregava o sobr'olho e mudava de conversa.
carried the over eye and changed of conversation

D'estas esquivanças repetidas ateou-se o fogo
Of these evasions repeated kindled the fire

da paixão na alma do moleiro.
of the passion in the soul of the miller

- Margarida - dizia-lhe elle d'uma vez - se não
Margarida   said her   he   of a   time   if   not

quizeres casar comigo, hei de morrer solteiro.
(you) want   to marry   with me   (I) have   of   to die   single

- Não te faltam mulheres, Simão.
Not   you   lack   women   Simano

- E se te vejo ser d'outro - protestava o
And   if   you   (I) see   be   of another   protested   the

rapaz com as lagrimas nos olhos - não sei
boy   with   the   tears   in the   eyes   not   (I) know

que faça, que me não mate.
what   to do   that   myself   not   (I) kill

E Margarida era tão cruel, que assim
And   Margarida   was   so   cruel   that   in such a way

despresasse o seu amigo e companheiro
scorn   the   her   friend   and   companion
         ()

d'infancia?!
of childhood

Nós veremos já até onde vae a dedicação de
We will see already to where goes the dedication of

uma mulher.
a woman

* * * * *

Isto passava-se no tempo em que se
This happened in the time in which themselves

guerreavam os partidos de D. Pedro e de D.
warred the parties of Dom Pedro and of Dom

Miguel.
Miguel

Quando ás aldeias chegavam noticias aterradoras,
When at the villages arrived news frightening

as mães estremeciam ao contemplar os filhos
the mothers shivered at the contemplating the sons

afadigados na lavoura.
weary in the field work

- De mortos nem a conta se sabe! - diziam os
  Of dead not the count one knows said the

mensageiros. Vae por ahi a fim do mundo!
messengers Goes by there the end of the world
                        [It's there]

- Jesus, Senhor! E então diz que é guerra
  Jesus Lord And then (it) says that (it) is war

d'irmão contra irmão! Valha-nos Deus!
of brother against brother Protect us God

De uma vez, oito soldados e um furriel
Of one time eight soldiers and a quartermaster
    [At once]

pararam á porta da azenha do Euzebio.
stopped at the door of the watermill of the Euzebio

Passado um instante, a gente da aldeia
(There) passed a moment the people of the village

chorava com brados afflictivos, vendo o Simão
cried with shouts afflicted seeing the Simano

do moleiro atravessar no meio da escolta
of the miller cross in the middle of the escort

com os braços presos, como um degredado! O
with the arms bound like a exile The

velho, assim que lhe arrebataram o filho,
old man as soon that (from) him snatched the son

ainda tentou abraçal-o; mas - coitadinho! - como
still tried to hold him but poor thing like

já lhe custava a andar, quando chegou á
already him cost to walk when arrived at the

porta, ia o rapaz a subir a encosta.
door went the boy to climb the hill

Aos gritos da visinhança acudiu Margarida ao
At the cries of the neighborhood arrived Margarida at the

postigo da azenha. Perguntou o que tinha
window of the mill Asked she what had

acontecido da outra banda; e, quando lhe
happened of the other side and when her
(at the)

disseram que o Simão tinha sido levado para a
(they) said that the Simano had been taken to the

guerra, a pobre rapariga soltou um grito
war the poor girl uttered a cry

agonisante e cahiu desfallecida nos braços do
agonizing and fell fainted in the arms of the

pae.
dad

As aguas tinham engrossado com as ultimas
The waters had swollen with the last

chuvas, e os dois velhos, quando se
rains and the two old men when eachother

avistavam de longe, desatavam a chorar, como
(they) saw from long untied to cry like
(far away) [burst into tears]

duas creancinhas!
two kids

Decorridos oito dias, a gente da aldeia acordou
Ran off eight days the people of the village woke up
(Passed)

sobresaltada com o tiroteio, com o rufo das
startled with the shooting with the rattle of the

caixas **e** **o** **som** **dos** **clarins.** **Feria-se** **uma**
drums and the sound of the trumpets Made itself a
(It was)

batalha **a** **pequena** **distancia.**
battle at small distance
[at a short distance]

Quando **a** **tropa** **alli** **passou,** **todos** **viram** **o**
When the troop there passed all saw the
()

Simão **moleiro,** **que** **parecia** **outro!** **Ia** **magro,**
Simano miller that seemed (an)other Went skinny

esfalfado, **com** **os** **sapatos** **rotos,** **coberto** **de** **pó,**
worn out with his shoes broken covered of dust
(with)

a **espingarda** **ao** **hombro,** **a** **mochila** **ás**
the shotgun at the shoulders the pack at the

costas **e** **a** **chorar!** **Ao** **passar** **rente** **das** **casas**
sides and to cry At the passing close of the houses

ia **saudando** **os** **conhecidos,** **e** **dizia** **ás**
went greeting the acquaintances and told the

raparigas **que** **pedissem** **a** **Deus** **por** **elle.**
girls that asked to God for him
(they prayed)

Sahiu do povoado sem ter visto o pae
(He) left from the village without to have seen the father

nem Margarida. Levava o coração retalhado!
nor Margarida (He) carried the heart shredded

Assim que a filha do Anselmo o soube, quiz
As soon that the daughter of the Anselmo it knew she
(of)

logo ir ter aonde podesse falar-lhe.
soon went to have wherever (she) could talk to him

- Isso, Deus te livre! - disse-lhe do lado
Just God you deliver (she) said him from the side

uma visinha. - Se lá vaes, lá ficas! E, de
one neighbor If there goes there stay And from

mais a mais, teres de falar com soldados!
more to more (you) have to of talk with soldiers

credo!
Believe (it)

- Lá isso - atalhou a moça - tambem o
There exactly added the young one also the

Simão é soldado, tia Joaquina!
Simano is (a) soldier aunt Joaquina

Ao fim da tarde principiaram a chegar as
At the end of the afternoon began to arrive the

ambulancias dos mortos e feridos. Vinham
ambulances of the dead and wounded (They) came
(stretcher carts)

apinhados, uns com as cabeças ligadas, com as
crowded some with the heads bound with the

faces empastadas de sangue, outros com os braços
faces pasted of blood others with the arms

ao peito, mutilados, outros com as pernas
to the breast mutilated others with the legs
[in bandages]

partidas, quasi todos moribundos!
broken almost all dying

Nunca se tinha visto uma cousa assim! Aos
Never itself had seen a thing like that To the
[there was]

gemidos dos feridos reuniam-se os clamores
groans of the wounded united themselves the cries

da   gente   que   se   agglomerava para   os   vêr.
of the   people   who   themselves   gathered   to   them   see
  [to see them]

Destacavam-se   algumas   phrases   das
(There) came out   some   sentences   from the

ambulancias:
ambulances

-   Ai!   minha   pobre   mãe!
  There   my   poor   mother

-   Ai!   meus   ricos   filhos!
  There   my   rich   children

E   as   mulheres,   quando   isto   ouviam,   de   cada   vez
And   the   women   when   this   heard   of   each   time
  ()

choravam   mais.
cried   more

Alguem   d'entre   o   povo   ouviu   gemer   de   uma
Someone   from between   the   people   heard   groan   from   one
  (among)

das   carretas   da   ambulancia:
of the   carts   of the   ambulance

- Meu... pae! Marga... rida! Eu morro!
My   father   Marga   rida   I   die

E   viu-se   que   um   dos   feridos,   que   ia
And   one saw   that   one   of the   wounded   that   went
(it was seen)

reclinado, deixou pender   a   cabeça sobre   o   peito,
reclined   let   hang   the   head   over   the   chest

e   descahir   um   braço   fóra   do   carro.
and   hung down   one   arm   out   of the   cart

Os   artilheiros   que   levavam   pela   camba   dos   freios
The   gunners   who   led   by the   end   of the   bridles

os   cavallos   insoffridos,   voltaram-se   para   uma
the   horses   unharmed   turned themselves   to   a

formosa   rapariga   que   os   interrogava   afflicta.   O
beautiful   girl   that   them   interviewed   afflicted   The

retinir   das   molas   da   carreta,   rodando   nas
clatter   of the   springs   of the   cart   running   on the

lagens   irregulares   de   uma   vereda,   não   os   deixou
slabs   uneven   of   a   path   not   them   let

ouvir. Mas, de repente, a moça
hear But of unexpected the young woman
[suddenly]

aproximou-se mais de um carro, pegou no
approached herself more of a cart took on the
(to)

braço que bambaleava, estendido fóra da
arm that swung extended out from the
(was swinging)

ambulancia, á mercê dos solavancos, reparou
ambulance to the mercy of the bumps observed

attentamente n'um annel que o morto levava, e
carefully in a ring that the dead carried and

principiou a gritar:
started to scream

- O Simão! Morreu! morreu!
The Simano (He) died (he) died
()

E debatia-se angustiada nos braços das
And struggled-herself angrily in the arms of the
(she struggled)

amigas que a seguravam.
friends that her secured
(held)

Quando um visinho entrou na azenha do
When a neighbor entered in the watermill of the

Euzebio, para lhe dar a noticia da morte do
Euzebio to him give the notice of the death of the

filho, encontrou o moleiro sentado na ilharga
son (he) encountered the miller sitting on the side

da cama, a resar, com os olhos postos n'um
of the bed to pray with the eyes fixed on a

crucifixo, e um rosarío entre os dedos.
crucifix and a rosary between the fingers

- Rese-lhe por alma! - disse o visinho
Pray-him for (the) soul said the neighbor

a chorar.
to cry
[weeping]

O velhote, que estava muito mais surdo,
The old man that was much more deaf

ergueu-se, e perguntou espantado:
stood up and asked frightened

- O que é? - e applicou os quatro dedos da
It what is and applied the four fingers of the

mão direita ao ouvido correspondente.
hand right to the ear corresponding

- Morreu! - gritou-lhe o outro.
(He) died cried to him the other

O Euzebio empallideceu subitamente, aprumou-se,
The Euzebio became white immediately stood up

fitou os olhos no visinho; e, sem pestanejar,
fixed the eyes on the neighbor and without blinking

dirigiu-se apressadamente á cabeceira da
directed himself hastily to the head of the

cama, e tirou detraz uma espingarda.
bed and pulled from behind a shotgun

- Isso para que é, tio Euzebio? - perguntou-lhe
This to what is uncle Euzebio asked-him

o outro ao ouvido.
the other to the ear

- Vou matal-os! - respondeu o moleiro com uma
(I) will kill them answered the miller with a

voz convulsa. - Vou matal-os!
voice convulsed (I) will kill them

Mas quando ia, com a espingarda ao
But when (he) went with the shotgun at the

hombro, a transpôr a soleira da porta,
shoulder to cross the threshold of the door

cambaleou, e cahiu fulminado para a outra
staggered and fell struck dead to the other

banda...
side

Na madrugada do dia seguinte, um
In the dawn of the day next a

moço de lavoura chegou afflicto a casa,
young boy of (the) fields arrived afflicted at home
[farm boy]

a esbofar, dizendo que, pouco abaixo da azenha,
to pant saying that a bit below of the watermill
[panting]

vira   um corpo de mulher levado na corrente
(he) saw   a   body   of (a) woman taken in the stream

do rio, a fugir, a fugir!...
of the river to flee to flee

* * * * *

Ainda conheci, ha muitos annos, o pae de
Still (I) know (it) has many years the father of
               (since)

Margarida.
Margarida

Era por uma formosa manhã de abril.
(It) was for a beautiful morning of April
      ()

O velho estava fóra da azenha, sentado
The old man was outside of the watermill seated

n'uma cadeira de entrevado, com os pés
in a chair of handicapped with the legs

estendidos a uma restea de sol. Em volta d'elle,
extended to a rest of sun In turn from him
                         [Around] (him)

chilreavam os passarinhos na ramaria frondoso
chirped the birds in the branch thick leafy

do arvoredo.
of the thicket

Referia-me, ao certo, a morte do Simão e
(I) referred to the sure the death of the Simano and
[just]

do seu amigo Euzebio; e, depois, quando
of the his friend Euzebio and after when

chegava ao lance de ter perdido a filha,
(he) arrived to the fact of to have lost the daughter

voltava a cabeça para o rio, e perguntava
turned the head to the river and asked

baixo, de si para si:
low of himself to himself

- E a Margarida?!...
And to Margarida

E ficava como mentecapto, com os olhos turvos
And gazed as if embarassed with the eyes bleary

a contemplar as aguas do rio, que derivavam
to contemplate the waters of the river that flowed

mansamente entre os salgueiros...
quietly among the willows

A Volta Das Andorinhas

A	VOLTA	DAS	ANDORINHAS
The	Return	Of The	Swallows

(Alberto Leal Barradas Monteiro Braga)

Ficava		no	beiral	do	meu	telhado	o
(There) was located		on the	roof edge (eaves)	of the	my	roof	the

ninho	das	andorinhas.	Quando	o	trolha	vinha
nest	of the	swallows	When	the	trolley	came

remedear	os	estragos	da	invernia	(e	então,	no
to fix	the	damages	of the	winter	and	then	in the

Minho,	quando	o	vento	sopra	do	Gerez,	oh!
Minho	when	the	wind	blows	from the	Gerez	oh

Pae	do	céo!	por	mais	bem	construida	que
Father	of the	sky	for (the)	more	well	constructed	that

seja uma casa, as telhas vão todas pelo ar,
is   a   house   the   tiles   go   all   through the   air

como se fosse um pobre telhado de levadia!)
like   it   would be   a   poor (man's)   roof   of   bare tiles

eu tinha sempre o cuidado de lhe recommendar:
I   had   always   the   care   of   him   to recommend

- Se ainda lá topar o ninho, mestre,
If   still   there   (you) bump into   the   nest   master

deixe-o ficar.
let it   stay

Imagine-se quanto custaria aquillo a um
Imagine yourself   how much   would cost   that   to   a

trolha, a um trolha que guarda
construction worker   to   a   construction worker   that   keeps
(from: trowel)

sempre contra um passarinho o mesmo odio que
always   agains   a   bird   the   same   hatred   as

um velho lobo de mar conserva implacavel contra
an   old   wolf   of   sea   conserves   unchangedly   against
(has)

um rato! Ter de remendar um telhado inteiro -
a   rat   Have of   to fix   a   roof   complete

façam ideia! - sem destruir um ninho fôfo,
make   idea   without to destruct a   nest   fluffy
[imagine yourself!]

pendurado n'um beiral!
hanging   on an   roof edge

Como eu habitava só, aquelle ninho, ali, era
As   I   lived   alone   that   nest   there   was

quasi como um outro andar da casa, onde vinha
almost like   an   other   floor   of the house   where (I) was

passar o verão uma familia minha conhecida. E
to pass the summer   a   family   to me   known   And

eu tinha tanto zelo e canseira em
I   had   so much   zealousness   and   care   in

conserval-o no mesmo sitio, muito arranjado e
conserve it   in the   same   site   very   arranged   and

prompto, como se fosse o caseiro d'aquelles
prompt   as   if   (it) were   the   homestead   of those

alegres inquilinos!
happy   tenants

As pessoas da cidade não dão valor nenhum a
The   people   of the   city   not   give value   none   to

estas coisas,   e   até   se   riem d'ellas; mas
these   things   and until themselves laugh of them   but
                      (even)

nós,   os   que   vivemos   na   aldeia, temos um
we   those that   live   in the village   have   a

grande affecto pelas andorinhas, pelos melros,
great   affection for the   swallows   for the   blackbirds

pelas toutinegras, pelos pintasilgos, pelos rouxinóis,
for the   warblers   for the   goldfinches   for the nightingales

emfim, por toda   a   passarada.
finally   for   all   the   bird swarm

Os   pardais, esses então,   é   que não gostam
The   sparrows   these   then   (it) is that   not   (they) like

nada   dos   figurões   da   cidade.   E   a   gente
not at all of the   bigwigs   of the   city   And   the   people

do   campo, que lhes conhece   o   fraco, assim que
of the country that them   know   the weak   as soon that

elles espreitam cubiçosos as searas,   d'entre   os
they   look at   down   the fields   from between the

ramos folhudos dos carvalhos, dizem logo:
branches   leafy   of the   oaks   (they) say soon

- Esperae, que   já   vos arranjo.
     Wait   that already you   (I) got

E   espetam   no   meio   do   campo um pinheiro
And   (they) spy in the middle of the country   a   pine tree

muito alto, penduram-lhe uma vestia   e   põem-lhe
very   high   hang from it   a   dress   and   put it

por cima, d'um modo arrogante, um pouco para
on   top   of a   manner   arrogant   a   bit   to
                   (in a)

o   lado, como se aquillo fosse um grande
the   side   as   if   this   were   a   great

janota,   um enorme chapéu alto! Oh! fica
  dandy   a   huge   hat   high   Oh   (it)'s
(fake gentleman)

admiravel!
admirable

Poucos pardais, por mais audaciosos que sejam,
Few — sparrows — for — more — audacious — that — (they) be

se atrevem com o figurão.
themselves — dare — with — the — important gentleman

E a gente, vendo-os, á tardinha, todos a
And — the — people — seeing them — at the — evening — all — to

chilrear na copa frondente do arvoredo, até
chirp — in the — head — leafy — of the — tree — until

parece que os ouve dizer:
(it) seems — that — them — hears — to say

- Ainda lá está o espantalho?
Still — there — is — the — scarecrow

- E estará, compadre, e estará!
And — (it) will be — friend — and — (it) will be

- Se ainda se conservar até á manhã, accode
If — still — itself — (it) keeps — until — the — morning — said

o   mais atrevido -   diabos me levem, se lhe não
the   most daring   (the) devil me takes if it not

prego uma peça!
(I) take a piece

-   Sempre   queriamos   vêr   isso!   desafiam   os
    Always   (we) would like   to see   that   challenged   the

outros.
others

- Pois então...
  So   then

No   dia   seguinte,   quando   o   sol   radiante
In the day   next   when   the sun   radiant

innundava todo o   trigal,   ás   onze horas da
filled   all   the wheat field at the eleven hours of the

manhã, estava tudo a   postos, tudo silencioso, para
morning was   all   at   post   all   quiet   to
         (were)   (their post)

vêr   a   partida.
watch the game

O arrojado observou attentamente pelos
The bold one observed attentively through the

atalhos - que não fosse vir a rapaziada
shortcuts that not were to come the boys

da escola - e voou rapido d'entre um
from the school and flew rapidly from between a

sobreiro, como se o tivesse desferido o arco
cork tree as if it had struck the bow

d'uma seta. Foi pousar direito na copa do
of an arrow (It) went to set directly on the top of the

chapéo alto do espantalho, e voltou-se depois
hat high of the scarecrow and turned itself after

para os amigos, a chilrear com uma grande
to the friends to chirp with a great

troça.
mockery

Por toda a deveza estalou então uma gargalhada
For all the field burst then a laughter

119

frenetica dos outros, que observavam, cheios de
frantic   of the others that observed   full   of
                          (who)

alegria, a immobilidade do janota!
joy   the immobility   of the dandy
                              (the fake gentleman)

D'ahi   por meia hora,   é   sabido! estava a
From here to half (an) hour (it) is known   was   the

sementeira desvastada!
sowing   devastated
(sowed field)

Uma bella manhã, em meado de março,
One beautiful morning in (the) middle of March

quando abri a janella do meu quarto, ouvi
when (I) opened the window to the my   room (I) heard
                          (to)

pipilar em cima. Debrucei-me no peitoril,
to flutter in top (I) leaned myself on the (window) sill
(fluttering) [above]

olhei para o beiral, e lá vi a andorinha,
looked at the eaves and there saw the swallow

que tinha chegado na vespera, á bocca
that had arrived in the evening before at the mouth

da noite, emquanto eu andava por fóra.
of the night in when I walked for outside

- Bem! - disse eu comigo - já sei que
Well said I to myself already (I) know that

tenho d'ir fazer uma visita.
(I) have of to go make a visit

Ao cabo de meia hora, peguei no meu
At the head of half (an) hour (I) picked on the my
(end) (on)

bordão, e puz-me a caminho pelo meio de
cane and set me en route through the middle of

uma bouça, que ia dar á estrada.
a boulevard that went give to the (main) street
[opened]

Eu ia visitar a sr.^a viscondessa, uma gentil
I went to visit the lady viscountess a gentle

viscondessa minha amiga, que chegava sempre
viscountess my friend that arrived always

quando chegavam as andorinhas e floresciam as
when arrived the swallows and blossomed the

amendoeiras.
almond trees

Ao atravessar o pateo lageado, que precedia o
At the crossing the patio tiled that preceded the
(arch: lajedo)

velho solar da fidalga, estavam ainda os
old mansion of the noble lady (there) were still the

criados, vestidos com blusas de riscadinho azul,
servants dressed with shirts of striping blue

atarefados na limpeza da carruagem e dos
busy in the cleaning of the carriage and of the

cavallos. As janellas da casa estavam todas
horses The windows of the house were wholly

abertas. Sentia-se que havia lá dentro uma
open One felt that (it) had there within a

creatura delicada, sequiosa dos perfumes
creature delicate thirsty of the scents
(for the)

balsamicos dos pinheiros, do ar puro, da luz,
balsamic of the pines of the air pure of the light

como aquellas plantas aquaticas, as nympheas, que
like those plants aquatic the nympheas that
(underwater)

sobem do fundo escuro dos lagos á tôna
rise from the bottom dark of the lakes to the surface

d'agua para receber os raios quentes do sol
of (the) water to receive the rays hot of the sun

do meio dia!
of the middle day

Apenas entrei no pateo, deparou-se-me a
Hardly (I) entered in the patio presented herself to me the
(court yard)

sr.^a viscondessa; e era mesmo uma pintura
lady viscountess and (she) was same a painting

velha, como eu a vi então, com a cabeça
ancient as I it saw then with the head

lançada para traz, os braços muito erguidos, os
thrown to back the arms very straight up the
[backwards]

seios afflantes, a aprumar-se, a subir, fincada
breasts raised to straighten herself to rise supporting
(balancing)

no · bico · dos · pés, · para · lançar · o · painço · na
on the · beak (tip) · of the · feet · to · throw · the · millet · on the

gaiolla · doirada · d'um · canario, · que · estava
yellow · gold · of a · canary (cage) · that · was

pendurada, · em · cima, · entre · os · cortinados · da
hanging · in · top · between · the · curtains · of the

janella!
window

Era · lindo! · lindo!
(It) was · beautiful · beautiful

Quem · primeiro · apparecia · a · cumprimentar · a
Who · first · appeared · to · greet · the

fidalga · era · o · sr. · abade. · E, · então, · conhecia-se
noble lady · was · the () · sir · Abbot (pastor) · And · then · it was known

logo · que · havia · novidade · na · terra, · porque · o
then · that · had (there was) · news · on the · earth · because · it

viam · sair · da · residencia · todo · asseiado, · de
(they) saw · exit · from the · residence · all · dressed up · of (with)

chapéu **alto,** **cabeção** **de** **renda,** **a** **sua** **antiga**
hat   high   collar   of   lace   the   his   old

sobrecasaca **muito** **comprida** **a** **bater-lhe** **no**
overcoat   very   long   to   beat him   on the

canno **das** **botas,** **e** **apanhado** **na** **mão** **direita,**
side   of the   boots   and   caught   in the   right   hand

d'um **modo** **solemne,** **o** **enorme** **lenço** **de**
of a   manner   solemn   the   enormous   handkerchief   of
(in a)

sêda **da** **India** **com** **ramalhoças**
silk   from the   India   with   (arch: ramalhudo, flowery)

amarellas.
yellow

Feitos **os** **cumprimentos** **do** **estylo,** **o** **sr.**
Done   the   compliments   of the   elegant style   the   Sir
[Making his compliments with elegance]   ()

abbade **sacava** **da** **algibeira** **a** **sua** **caixa** **de**
Abbot   took out   from the   pocket   the   his   (snuff) box   of
()

tartaruga, **e** **offerecia-a** **respeitosamente** **á**
tortoise (shell)   and   offered it   respectfully   to the

viscondessa, como signal da maxima etiqueta.
viscountess   as   signal of the maximum etiquette
              (of) (the highest)

E depois, ia falando e cheirando
And   after   he was talking and smelling (the snuff)

alternadamente.
  alternatively

- Pois minha senhora...
  So   my   lady

E fungava pela venta esquerda uma pitada de
And smelt in the wind (on the) left a whiff of

  simonte, continuando:
  Simonte   continuing
(high quality brand)

- Este anno, o inverno, minha senhora, correu
  This year the winter my lady ran
                     (went)

mal! E Jesus! muito mal!
bad And Jezus very bad

Depois, ao outro dia, vinha a sr.^a
After at the other day came the lady

morgada do areial flanqueada das
(the) inheritance rentier in the sandy place flanked of the

suas duas filhas. Aquillo é que era luxo! chapéus
her two daughters That is what was luxury hats

de plumas, vestidos de nobreza com tres folhos,
of feathers dressed of nobility with three ruffles
(with)

mantelletes de moir antique, e então o
little mantles of shimmering fabric antique and then the

bonito era a profusão de pulseiras, de broches,
beautiful was the profusion of bracelets of brooches

de brincos, tudo ouro antigo, ouro de lei, massiço,
of earrings all gold old gold of ley pure
(pure)

mas muito feio!
but very ugly

As meninas não tiravam os olhos da
The girls not took off the eyes from the

viscondessa; e, como ficavam uma junto da
viscountess and as (they) stood one next of the
(to the)

outra,   acotovelavam-se   ás   vezes,   e
other   (the) elbowed eachother   at the   times   and
(at)

segredavam:
whispered

- Vê, mana?...
See   sis
(from Spanish hermana)

- O que é? - perguntava a mais velha por entre
It what is   asked   the most old for between

dentes.
teeth

- Agora já se não usa cuia!
Now   already   itself   not   uses   vessel from Calabash fruit
(Brazil tupi: ku'ya)

Ora repare.
Now check it out

A morgada falava do amanho das terras,
The inheritance rentier talked of the tillage of the earths

do peso da derrama, e ás vezes
of the weight of the tax and at the times
(burden)   (at)

para variar, dizia:
to   vary   (she) said
[for a change]

- Ora não estar cá pelo Santo Amaro!
Now   not   to be   here   for the   Saint   Amaro (feast)

Havia de gostar. É uma festa como poucas!
(You) have   of   to like (it)   (It) is   a   feast   like   few (others)

Faça ideia, viscondessa: ha arraial
Make   idea   viscountess   (there) has   open air camp
[Imagine yourself]

tres días, ha fogo preso, missa cantada,
(for) three   days   (there) has   fire   tied   mass   sung
[fireworks]

sermão...
(a) sermon

E arregalando os olhos, e meneando
And   widening   the   eyes   and   shaking

pausadamente a cabeça, exclamava:
slowly   the   head   (she) exclaimed

- Sermão! mas que sermão!...
Sermon   but   what   (a) sermon

Quando chegava a vez da minha visita, já
When arrived the time of the my visit already

a sr.^a viscondessa sabia todas as grandes
the lady viscountess knew all the great

novidades da terra. Era assim castigada a
novelties of the earth And thus was punished the
(world) ()

minha preguiça!
my laziness

- Então já sabe - principiava eu - o
Then already (you) know started I the

commendador Antunes este anno despica-se!
commander Antunes this year revenged himself

- Ah! já me disseram - atalhava logo a
Ah! already me (they) told cut short soon the
(right away)

viscondessa - é elle o juiz da festa.
viscountess (it) is he the judge of the feast

- É isso, minha senhora, é isso...
(It) is that my lady (it) is that

Vêem? **Sabia** **sempre** **tudo** **aquillo** **que** **eu** **tinha**
See (She) knew always all this that I had

para **lhe** **dizer!**
to him tell

Ora **succedeu,** **que** **de** **uma** **vez,** **indo** **lá** **passar**
Now (it) happened that of one time going there to pass
(to spend)

a **noite,** **encontrei** **a** **viscondessa** **sentada**
the night (I) encountered the viscountess seated

n'uma **voltaire,** **com** **a** **cabeça** **reclinada** **no**
in an easy chair with the head reclined in the
(archaic)

espaldar, **as** **pernas** **estendidas** **e** **os** **seus** **pés**
back the legs extended and the her feet

graciosos **poisados** **no** **rebordo** **de** **um** **brazeiro.**
graceful set on the edge of a brazier

- **V.** **ex.^a** **contradiz** **as** **tradições** **da**
Your excellency contradict the traditions of the
(are going against) (of)

primavera! **-** **principiei** **eu,** **sentando-me** **ao** **seu**
Spring began I seating me at the her

lado.
side

- Não contradigo, meu caro - respondeu ella,
Not (I) contradict it my dear answered she

removendo com a pá o rescaldo esmorecido
moving around with the shovel the embers sagging

- a primavera é que está agora conspirando
the Spring (it) is that is now conspiring

contra os poetas, que lhe attribuem doçuras que
against the poets that it attribute sweetnesses that

não tem! Se o calendário me não desmentisse,
not (it) has If the calendar me not lies to

estava em jurar que o janeiro d'este anno
(I) was in to swear that the January of this year
()

augmentou, pelo menos, mais sessenta dias!
grew by the least more (than) sixty days

- Mas não está tanto frio, que se não
But not (it) is so cold that oneself not

prescinda   do   fogão!
skips   of the   stove

- Não   está   calor que o dispense.
Not (there) is heat   that it dispenses

- Pois não é   das   melhores coisas para a
So   not (it) is of the   best   things   for   the

saude!
health

- Ora que ideia! - oppoz ella, a   rir - Não me
Now what (an) idea   opposed she to laugh Not me

consta que o fogão tenha sido o assassino de
was known that the stove had been the assassin of

ninguem,   tirante   nos velhos dramas, em que a
noone   drawing from our   old   dramas in that a

heroina ludibriada pelo amante, procurava   no
heroin deceived   by the   lover   procured in the

acido carbonico a solução do problema.
acid   carbonic   the solution of the problems

Supponham como eu fiquei radiante de jubilo! Até
Let's suppose   if   I   became   radiant   of   joy   Until

que se me deparava ensejo de contar á
that itself me encountered (an) opportunity of to tell to the
(offered)

sr.^a viscondessa uma historia que ella
lady viscountess a story that she

desconhecia!
did not know

- Pois, minha senhora, - principiei eu com
So my lady began I with

desvanecida firmeza - Filippe III, de Hespanha, foi
faint firmness Filippe III of Spain was

victima do calôr d'um fogão! E, se v. ex.^a
victim of the heat of a stove And if your excellency

me permitte, eu vou referir-lhe como o caso
me permits I you refer it how the case
(will tell)

se passou.
itself passed
[happened]

Approximei a minha cadeira do brazeiro, expuz
(I) approached the my chair to the brazier exposed

os meus pés ao calor do rescaldo, para
the my feet to the heat of the embers to

contradizer com a postura o que affirmava com
contradict with the posture it what (I) affirmed with

a palavra, e prosegui:
the word and continued

Estava el-rei, assistindo a um conselho de
Was the king attending to a council of

ministros. Como fazia muito frio, diante de Sua
ministers As (it) was very cold before of His

Magestade tinham collocado um brazero enorme.
Majesty (they) had placed a brazier enormous

Passado pouco tempo, principiou el-rei a
(There) Passed little time began the king to

transpirar, a transpirar cada vez mais e as faces
perspire to perspire each time more and the face

a tornarem-se-lhe? muito vermelhas. O conde de
to turn itself of him very red The count of

Pobar, que viu no rosto de Sua Magestade a
Pobar that saw in the face of His Majesty the

afflicção que elle sentia, dirigiu-se ao duque
affliction that he felt directed himself to the duke

d'Alba, gentil-homem, e disse-lhe baixo que
of Alba gentleman and told him low that
(softly)

mandasse retirar o brazero.
(he) order to remove the brazier

- É contra a etiqueta - respondeu serenamente
(It) is against the etiquette responded calmly

o duque d'Alba. - Isso compete ao duque
the duke of Alba That competency belongs to the duke

d'Uzeda.
of Uzeda

- Filippe III voltava para o lado os olhos
Filippe III turned to the side the eyes

supplicantes; mas não se atrevia a quebrar as
begging · but · not · himself · dared · to · break · the

regras da etiqueta atirando um ponta-pé ao
rules · of the · etiquette · pulling · a · tip-foot · to the

brazero e aos cortezãos que o cercavam.
brazier · and · to the · courtiers · that · it · surrounded

Mandou-se chamar á pressa o duque d'Uzeda;
Ordered itself · to call · at the · haste · the · duke · of Uzeda
[They had summoned] · [in haste]

mas, por fatalidade, o duque d'Uzeda n'esse dia
but · for · fatality · the · duke · of Uzeda · in that · day
[fatally]

não estava no palacio!
not · was · in the · palace

- E depois? - perguntou afflicta a sr.^a
And · after · asked · afflicted · the · lady

viscondessa, afastando-se do brazeiro.
viscountes · distancing herself · from the · brazier

- Depois - continuei eu pausadamente estirando
After · continued · I · slowly · stretching

mais   as   pernas   -   quando   o   duque   d'Uzeda
more   the   legs   when   the   duke   of Uzeda

chegou   ao   palacio...
arrived   at the   palace

-    Hein?   -   perguntou   de   súbito   a   fidalga,
    Huh   asked   of   immediate   the   noble lady
                [immediately]

pondo-se   de   pé.
putting herself   of   feet
(rising)   [on her feet]

-    El-rei   estava   morto!   -   conclui   eu   com   voz
    The king   was   dead   concluded   I   with   voice

sinistra.
sinister

Apenas   proferi   esta   phrase,   abriu-se   de   repente
Just   (I) uttered   this   phrase   opened itself   of   unexpected

a   porta   e   entrou   na   sala   o   criado   com   a
the   door   and   entered   in the   room   the   servant   with   a

bandeja   do   chá.
tray   of the   tea
        (of)

A   sr.^a viscondessa ordenou logo:
The lady viscountess ordered right away

- André, amanhã não accenda o brazeiro.
  André tomorrow not   light   the brazier
                    (don't)

E   eu, offerecendo-lhe uma   chavena, disse-lhe
And   I   offering her   a   cup   told him

então baixinho:
then   very softly

-   Já   vê   que se devem apagar os fogões,
    Already (you) see that itself must   turn off the stoves

quando voltam as andorinhas!
when   return the swallows

O Modelo Do Anjo

O MODELO DO ANJO (Raul Pompéia)
The Model Of The Angel Raul Pompeia

I
I

Estava aberta a exposição.
Was open the exhibition
[The (art) exposition had opened]

O bonito frontispício da Academia de
The pretty frontispice of the Academy of
(front door setting)

Belas-Artes arregalava as janelas, como
Beautiful Arts widened the windows like
(Fine Arts)

grandes olhos satisfeitos, e, com fome
large eyes satisfied and with hunger
[large satisfied eyes]

pantagruélica, ia devorando a multidão que se
pantagruelic went devouring the multitude that itself
(of a giant)

lhe   enfiava   pelo   pórtico.   A   fachada
him   thrust   through the   main entrance   The   facade

despia-se   de   sua   melancolia   de   pedra,   e   parecia
was stripped   of   its   melancholy   of   stone   and   seemed

abrir-se   num   vasto   sorriso.   E   as   flâmulas   e
to open itself   in a   vast   smile   And   the   streamers   and

bandeiras   fincadas   nas   cornijas,   com   que   atiravam
flags   stuck   in the   cornices   with   that   (they) threw

das   suas   dobras   multicores   punhados   de   alegria
of the   their   folds   multicolored   handfuls   of   joy
(of)

sobre   os   que   entravam.
over   those   that   entered

Na   área   semicircular   que   existe   diante   do
In the   area   semicircular   that   existed   before   of the
                                                     (the)

edifício   apertava-se   o   povo,   arquejando   aos
building   pressed-themselves   the   people   panting   in the
              (crowded)

calores   da   mais   límpida   soalheira.   Ali   suava   a
heat   of the   most   clear   sunny day   There   sweated   the

impaciência, debatendo-se aos   empurrões.
impatience   debating-itself at the   shoves
              [expressing itself in shoving]

Acabava de ser   franqueado   ao   público   o
Finished of to be   cleared   to the   public   the
        [Was just]

ingresso no   edifício.
entrance in the building
             (to the)

O   imperador, que   assistira   à   abertura   da
The   emperor   that   assisted   at the   opening   of the
                   (who)

exposição acompanhado dos   visitantes de convite
exhibition   accompanied   of the   visitors   of   invitation
                          (by)

especial, tinha   já   ido embora, feita a   sua
special   had   already went   away   made the   his
                                                  ()

visita   às   salas de trabalhos. Chegara a   vez de
visit   to the rooms of   works   Arrived   the time of
                                                        (turn)

todos. Todos queriam entrar.
all   All   wanted   to enter

Um   homem, entretanto,   se   conservava   à
One   man   meanwhile   himself   kept   at the
                                               (at a)

distância, e estava parado junto de uma das
distance and was stood next of one of the
()

paredes do conservatório, olhando para o povo.
walls of the conservatory looking at the people

Era notável pela alvura dos cabelos e
(He) was remarkable by the whiteness of the hairs and
(for the) (hair)

das longas barbas, que um sol das três horas
of the longue beards that a sun of the three hours
(beard) (of) (o'clock)

varava de cintilações de cascata. Trajava de
grounded of flickerings of cascade (He) dressed of
(in) [cascading flickerings]

preto, calça e sobrecasaca, numa correção
black trousers and frock coat in a fit

excepcional. Apesar de encanecido, este homem
exceptional Although of grayed this man
[he was gray haired]

tinha a pele fresca e pouco enrugada. Não
had the skin fresh and little wrinkled Not

podia ser muito velho. Era simpático e de
could be very old (He) was sympathetic and of

uma elegância esquisita. A cabeleira ia-lhe aos
an   elegance   exquisite   The   hair   went him   at the

ombros em duas ondulações reluzentes; as barbas
shoulders   in   two   waves   glowing   the   beard

caíam-lhe
fell him

abandonadas artisticamente à natureza. Tinha
abandoned   artistically   to the   nature   (He) had
[artfully unkempt]

uma das mãos no peito, em atitude
one   of the   hands   on the   chest   in   attitude

napoleônica, e a outra segurando ao longo
Napoleonic   and   the   other   securing   at the   length
(holding)

do corpo uma bengala de junco, castoada de
of the   body   a   cane   of   reed   chaste   of

prata. Semeava olhares por aquela multidão
silver   (He) sowed   glances   for   that   multitude

sufocando-se para entrar no templo das artes.
choking itself   to   enter   in the   temple   of the   arts

Um sorriso vago passeava-lhe nos lábios:
A   smile   vague   passed him   on the   lips

- Que entusiasmo! murmurou, não me é
What   enthousiasm   murmured (he)   not   myself   (it) is

possível entrar hoje...
possible   to enter   today

Estas palavras, ditas distraidamente, foram ouvidas
These   words   spoken   absentmindedly   were   heard

pelas pessoas mais próximas, que viram-no depois
by those   persons   most   closest   that   saw him   then

retirar-se andando compassadamente, e
retreat   walking   at a pace   and

desaparecer no Rocio.
disappearing   in the   Rocio

O interessante personagem encaminhou-se para
The   interesting   personage   walked himself   to

a rua do Ouvidor. No adro de S. Francisco
the   street   of the   Ouvidor   In the   parish   of   St.   Francisco
     (of)   (Magistrate)

de   Paula   um   moço   que   passava, saudou-o,
of   Paula   a   young man   that   passed   saluted him

tirando o chapéu:
taking off the   hat

- Sr. comendador!...
  Sir   Commander

Pouco mais adiante   um   homem
Little   more   ahead   a   man
  [A short time later]

parou-lhe em frente.
stopped him in   front
[stopped in front of him]

Era   Vítor Meireles.
(It) was Victor   Meireles

O   nosso   comendador   fez   um   gracioso
The   our   commander   made   a   gracious

cumprimento ao pintor, que, sem preâmbulos,
  compliment   to the painter that without preambles
  (greeting)

perguntou-lhe:
  asked him

- Então, caro mio, como vai a sua Visão?
  Then dear mine how comes the your Vision
  (So) [my dear]

- Apenas desenhada...
  Just drawn

- Olhe, Giacometo, afianço-lhe que vai ficar um
  Look Giacometo (I) assure you that comes to be a

quadro sublime... Já se pode ver pelo
painting sublime Already itself can see by the
[one can]

croquis... Aquele pequenino túmulo coberto de
sketch That tiny tomb covered of

rosas, meio na sombra!... O jorro de luz
roses middle in the shadow The beam of light

celeste que cai da direita, vai dar ao
celestial that falls from the right (it) comes to give to the
[it will give]

quadro um brilho encantador... As roupinhas
painting a glow enchanting The cute clothes

transparentes da menina e a túnica abundante
transparent of the girl and the tunic abundant

e   leve   do   anjo   que   arrebata   a   criança   através
and light of the angel that takes away the   child   through

da   luz,   prestam-se   para   um   ensamble   majestoso,
of the light lend themselves to   a   ensemble   majestic

não   falando   nas   lindas   combinações   de   reflexos
not   speaking   in the   beautiful   combinations   of   reflections
               (of the)

que   virão   por ....   Oh!   eu   imagino!..   O   seu
that (you) will see for   Oh   I   imagine   The   his

quadro   vai   fazer   barulho...   Vamos   ver   aqui
painting comes to make   (a) noise   Let's go to see here

no   Rio   um   painel   religioso   digno   da
in the Rio   a   panel   religious   worthy   of the

Renascença...
Renaissance

- Ora, Vítor!...
  Now   Victor
  (Well)

Qual   ora!...   Eu   não   o   conheço   e   você   não   me
What   well   I   not   you   know   and   you   not   me

conhece?...   Quer   ouvir   o   que eu digo?...
know   Do (you) want to hear that what I say

Entusiasmo e perseverança, que você terá um
Enthousiasm and perseverance that you will have a

sucesso...
success

- Qual! Não espero grande cousa..
What Not (I) expect (a) big thing

-   Verá... E depois mande-o à Itália, para
(You) will see And after send it to the Italy to
                       (to)

experimentar...
    try

- Que homem para dizer cousas bonitas!... Verdade
What man to say things nice True

é que você me está animando... Eu hei de
(it) is that you me are encouraging I have of

trabalhar com gosto, fique certo... Olhe... além
to work with taste remain sure Look besides
             [you can be sure of that]

do croquis do schizzo que você viu... já
of the sketch of the schema that you saw already

executei estudos especiais das figuras... já
(I) executed studies especially of the figures already

fiz na tela o desenho do conjunto...
made on the screen the design of the set

Encontrei, porém, uma dificuldade. Falta-me um
(I) found however a difficulty Lacks me a
(I lack)

modelo... Quero dar ao meu anjo um rosto que
model (I) want to give to the my angel a face that
(to)

seja ao mesmo tempo um reflexo deste mundo
is at the same time a reflection of this world

e do outro; um meio termo entre o
and of the other a middle ground between the

idealismo do sobrenatural e a realidade
idealism and the supernatural and the reality

terrena, que faça sentir que o anjo é do
earthly that makes feel that the angel is from the

céu,   mas   acha-se   na   terra;   em   suma,   a
sky   but   finds itself   on the   earth   in   summary   the
(heavens)

fusão   da   beleza   etérea   com   a   beleza   que   se
fusion   of the   beauty   ethereal   with   the   beauty   that   itself
        (of)

apalpa. Quero   um   rosto   que   preste   para   receber
is felt   (I) want   a   face   that   lends (itself)   to   receive

os   toques   do   meu   ideal,   uma   carinha   própria...
the   touches   of the   my   ideal   a   nice face   of own
           (of)

-   Uma   carinha   de   matar   a   gente,   observou,
    A   nice face   of   to kill   the   people   observed

rindo,   Vítor   Meireles...
laughing   Victor   Meireles

-   E   não   encontro...
   And   not   (he) found (it)

- Não   é   fácil...   não   é   fácil...
  Not   (it) is   easy   not   (it) is   easy

- Bem   o   vejo...   Na   Itália   fora   menos   difícil.
   Well   that   (I) see   In the   Italy   (it) was   less   difficult
               (In)

Há   muita   mocinha   para   modelo... Aqui está-se
Has   many   (a) young lady   to   model   Here oneself is
(There is)

como num deserto... muita moça bonita... modelo...
like   in a   desert   many (a) girl pretty   model

nenhum! Ninguém quer ser...
none   No one   wants to be (it)

- Eu tenho um... talvez...
  I   have   one   maybe

- Bonita?
  Pretty

- Admirável...   da   cabeça aos pés...
  Admirable   from the   head   to the feet

- Que idade?
  What   age

- Vinte   e   três anos.
  Twenty and three years

- É   muito velha... Em todo o   caso, se ela
  And   very   old   In   all   the case   if   she

quiser...
wants

- Pagando-se bem, ela quer.
Paying herself   well   she   wants

- Se quiser e   servir... Onde   mora   ela?
If   want   and   serve   Where does live she

- Rua... número...
Street   number

-   Hei   de   vê-la... Preciso   ver   tudo...   Ando
(I) have   of   to see her   Exactly   see   all   (I) walk

sequioso como um conquistador...
thirsty   like   a   conqueror

-   Tem   motivos.
(You) have   reasons

Algumas   palavras   mais   trocaram   os   pintores;
Some   words   more   exchanged   the   painters

depois, cada um foi para sua banda.
after   each one went   to   his   side

O comendador, ou Giacometo, como o
The commander where Giacometo like him

chamara Vítor Meireles, entrou na rua do
called Victor Meireles, entered in the street of the

Ouvidor e desceu até à dos Ourives,
Ouvidor and descended until to that (road) of the Ourives
(Magistrate) (Goldsmiths)

examinando com interesse o semblante das
examining with interest the countenance of the

jovens transeuntes.
young passers-by

Pela rua dos Ourives dirigiu-se à da
By the road of the Ourives directed himself to that (road) of the

Ajuda, e lá entrou em um
Ajuda, and there entered in a
(after civil parish in Lisbon)

corredor do lado esquerdo.
corridor on the side left

II
II

Entremos. **Tem-se** **primeiro** **que** **subir** **uma**
Let's go inside Has itself first that to climb a
    (You have to)   ()

escada. **No** **alto** **da** **escada** **há** **uma** **pequena**
ladder In the height of the ladder has a small
    (there is)

sala **de** **recepção,** **forrada** **de** **azul,** **bem** **arranjada,**
room of reception lined of blue well arranged
  [furnished in blue]

que **dá** **para** **uma** **outra** **sala** **muito** **clara,**
that gave (entrance) to an other room very bright

muito **arejada,** **com** **janelas** **para** **a** **rua** **e**
very airy with windows to the street and

fisionomia **de** **atelier.** **Grande** **mesa** **ao** **centro,**
physiognomy of atelier Large table at the center

coberta **de** **pincéis,** **palhetas,** **tintas,** **rolos** **de**
covered with brushes palettes paints rolls of
  (from: paletas)

tela, **frascos** **de** **óleo** **e** **aguarrás,** **em** **ativa**
canvas bottles of oil and turpentine in active

confusão. **Por volta,** **as** **paredes** **encobertas** **sob**
confusion For turn the walls covered under
  [Around it]

uma nuvem de quadros bem acabados, mas sem
a cloud of frames well finished but without

moldura. Nos cantos, diversos cavaletes com
frame In the corners diverse trestles with

pinturas por concluir, dos quais destacava-se um
paintings to finish of the which stood out a

maior sobre o qual se via uma grande tela
large one over (on) the which one saw a great canvas

já riscada e com algumas pinceladas a esmo...
already lined out and with some brushstrokes at random

Era a casa de Carlo Giacometo, um valente
(It) was the house of Carlo Giacometo a valiant

pintor, educado em Roma e Milão, que vira o
painter educated in Rome and Milan that (who) saw the

dia na cidade do paganismo formidável e
day in the city of the paganism formidable and

do catolicismo dos Papas, à sombra
of the Catholicism of the Popes at the (in the) shadow

inspiradora do zimbório de S. Pedro.
inspiring of the lantern tower of St. Peter
        (dome)

Estava no Brasil, havia dois anos somente. O
(He) was in the Brazil (it) had two years only The
    (In)   (since)   ()

seu coração de artista o trouxera.
his heart of (an) artist him (had) brought (there)

Haviam-lhe falado de um grande país, onde o
(They) had him told of a great country where the

homem se compreende pequeno ante a
man himself understands small before the

grandeza esmagadora de tudo o que o cerca.
greatness overwhelming of all that what him surrounds

Nesse país não se sonha o ideal, porque o
In this country not oneself dreams the ideal because the

ideal palpita no céu profundo e azul, nas
ideal throbs in the sky deep and blue, in the

matas ínvias, na rocha esfolada pelas
woods inaccessible in the rock crushed by the

cachoeiras e no sol que dá fulgurações a
waterfalls and in the sun that gives glimpses to

tudo. Ele quisera ver.
all He wanted to see

Sim, que Giacometo era um artista.
Yes that Giacometo was an artist

Tinha maneiras de olhar e movimentos que
(He) had ways of to look and movements that

pareciam estudados à vista de um ensaiador.
seemed to be studied at the face of a director

Estava sempre como que apertado num círculo de
(It) was always like that pressed in a circle of

conveniências artísticas com que se dava
conveniences artistic with that itself gave
[it suited]

perfeitamente. As próprias dobras do vestuário
perfectly The very folds of the dress

amarrotavam-se-lhe graciosas, tal qual se
crinkled itself for him gracious so which themselves
[as if]

fossem	corrigidas	a	dedo.	Um	artista,	da
were	corrected	at	finger [by hand]	An	artist	from the

periferia	até	o	âmago.
periphery	to	the	core

Não	admira,	pois,	que	ele	houvesse	feito	viagem
No	wonder	then	that	he	had	made	travel

para	o	Brasil	por	amor	do	belo.
to	the	Brazil	for	love	of the	beautiful

Graças	aos	auxílios	de	Júlio	Mill,	um	notável
Thanks	to the	help	of	Júlio	Mill	a	notable

paisagista	francês,	que	aqui	viveu	obscuramente
landscape artist	French	that	here	lived	obscurely

e	na	obscuridade	morreu,	Giacometo
and	in the (in)	obscurity	died	Giacometo

estabeleceu-se.	Fez	relações	com	os	artistas
established himself	(he) made	relations	with	the	artists

mais	distintos	da	nossa	roda	de	pintores;
most	distinct	of the (of)	our	circle	of	painters

arranjou discípulos e encomendas, que
(he) arranged disciples and orders which

davam-lhe bastante para levar a vida sem
gave him enough to lead the life without

tocar na pequena fortuna que possuía na
to touch in the small fortune that (he) possessed in the
() (in)

Itália..
Italy

Até à época da nossa narrativa, Giacometo
Until to the epoch of the our narrative Giacometo
[Up to the] (time)

não tinha executado senão pequenos quadros e
not had executed if not small pictures and
(created) (except for)

retratos, muito apreciados pelos conhecedores, mas
portraits very appreciated by the connoisseurs but

impróprios para fazer sensação. O seu sucesso
unfit to make (a) sensation The his success
()

devia ser a Visão, o belo projeto que
must be the Vision the beautiful project that

conhecemos.
(we) know

Era encomenda de um rico visconde, que queria
(It) was commissioned of a rich viscount that wished
(by)

ter no seu gabinete a lembrança viva de
to have in the his cabinet the remembrance living of
(in) (study) (memory)

uma filhinha que perdera havia tempo. O
a little girl that (he) lost (it) had time The
[some time ago]

visconde tomava imenso interesse pelo quadro, e
viscount took great interest for the painting and
(in the)

não apertava os cordões da sua generosidade
not pressed the strings of the his generosity
(of)

para recompensar o artista.
to reward the artist

O motivo do quadro era delicadamente
The motif of the painting was delicately

arrebatador, para uma alma como a de Carlo
sweeping for a soul like that of Carlo

Giacometo.
Giacometto

A **recompensa** **era** **deslumbrante.** **Tudo**
The reward was dazzling Everything

convidava.
invited
(was inviting)

Carlo **atirou-se** **à** **empresa** **com**
Carlo threw himself at the enterprise with

toda **a** **vontade,** **com** **todo** **o** **fervor,** **com** **toda**
all the will with all the fervor with all
[all his heart]

a **consciência.**
the conscience

Não **era** **para** **menos.** **Tratava-se** **da** **sua**
Not (it) was for less (It) concerned itself of the his
(of)

reputação **em** **país** **estrangeiro,** **da** **sua**
reputation in (a) country foreign of the his
(of)

glorificação **talvez.** **Away!**
glorification maybe Away!
[famous]

Em	pouco	tempo	estavam	feitas	as	despesas
In	little	time	were	made	the	expenses

urgentes:	tintas,	tela,	pincéis	novos.	E	Carlo
necessary	paints	canvas	brushes	new	And	Carlo

preparava	croquis,	ensaiando-se	para	a	grande
prepared	sketches	preparing himself	for	the	great

execução.	O	fogo	do	seu	entusiasmo	foi
execution (work)	The	fire	of the (of)	his	enthousiasm	was

vivamente	atiçado	pelo	aplauso	dos	artistas
vividly	stirred	by the	applause	of the	artists

de	nota	que	examinaram	os	croquis.	Houve	até
of note [famous]		that	examined	the	sketches	Had (There was)	until (even)

um	pintor	que	pediu-lhe	antecipadamente	o
a	painter	that	asked him	in anticipation	the

pincel	que	rematasse	o	trabalho.
paintbrush	that	would finish	the	work

Giacometo	começou.	Traçou	o	desenho	na
Giacometo	began	(He) traced	the	drawing	on the

tela. Apareceu-lhe então um sério embaraço.
canvas   Appeared him   then   a   serious   embarrassment

Faltava um modelo. Para a criança que ele
(There) lacked   a   model   For   the   child   that   he

queria pintar levada para o céu, possuía
wanted   to paint   carried   to   the   sky   (he) possessed
      (heavens)

excelentes fotografias e as informações do
excellent   photographs   and   the   informations   of the
      (information)

visconde. Mas o anjo?...
viscount   But   the   angel

Carlo daria à menina a expressão da
Carlo   gave   to the   girl   an   expression   of the

felicidade metafísica de além-sepulcro, representada
happiness   metaphysical   of   beyond-grave   represented
      (beyond the grave)

no sorriso incompreensível e doce das boas
in the   smile   incomprehensible   and   sweet   of the   good

crianças, quando sonham com flores e
children   when   (they) dream   with   flowers   and
      (of)

passarinhos   nos   pequeninos   sonos   do   berço...
  birds   in the   tiny   dreams of the cradle

A   dificuldade   era   o   anjo.
The   difficulty   was   the   angel

Para   o   rosto   do   anjo   convergiam   os   esforços
For   the   face   of the   angel   converged   the   forces

de   Giacometo.   Aí   a   sua   verdadeira   criação.
of   Giacometo   There   the   his   true   creation
                         ()

Aí   o   momento   estético   da   concepção,
There   the   moment   esthetic   of the   conception

por   assim   dizer.   Carecia-se   de   um   modelo
to   thus   speak   Lacked itself   of   a   model
    [so to speak]   [There lacked]

excepcional.
  exceptional

Giacometo   saiu   à   caça.
Giacometo   went   to the   chase

Apesar   dos   seus   cinqüenta   anos   e   das   suas
In spite   of the   his   fifty   years   and   of the   his
            (of)   (of)

octogenárias cãs, o pintor desenvolveu uma
octogenarian dogs the painter developed an

atividade de fanático.
activity of fanatic

Percorria as ruas observando atentamente,
(He) walked the streets observing intently

varava rótulas e sacadas com uns
pulling down roundabouts and balconies with some
(checking out) (regional: South-Brazil) ()

olhares sedentos. Nem uma só moça
eyes thirsty Not one single girl

escapava-lhe. Era como D. Juan de barbas
escaped him (He) was like Don Juan of beards
(with) (a beard)

brancas.
white

Uma vez, andou escandalosamente atrás de uma
One time (he) walked scandalously behind of a
[after]

criadinha. Não pôde falar-lhe. A criadinha
servant girl Not (she) could speak to him The servant girl

desconfiou e apressou o passo para casa. Carlo
got suspicious and hastened the pace to home Carlo

não insistiu. A criadinha, conquanto bonita, não
not insisted The servant girl although pretty not
[did not insist]

era exatamente o seu ideal; além disso,
was exactly the his ideal beyond of that
                        ()   [besides]

não pareceu-lhe de um branco muito puro... Não
not seemed-him of a white very pure Not
[she did not seem to him]

servia.
(it) served

Em outra ocasião, parou muito à vontade
In (an)other occasion (he) stopped very at the will
(On)

diante de uma jovem senhora, que na sua janela
before of a young lady that in the her window

via os bondes e abanava vagarosamente um
saw the trams and fanned slowly a

leque. Quando a moça deu com aquele
fan When the girl gave with this
                            [found in front of herself]

sujeito **todo** **elegante,** **de barbas** **cor** **de** **espuma,**
person   all   elegant   of beards color of   foam
        (very)   [with a beard]

ficou **admirada,** **e,** **retirando-se** **vivamente**
remained   surprised   and   pulling back   lively

atirou-lhe **uma** **risada.** **Giacometo** **não** **percebeu** **a**
threw him   a   laugh   Giacometo   not   perceived   the

desfeita, **mas** **sentiu...** **Aquela** **rapariga**
offense   but   felt   That   girl

aproximava-se **bem...**
approximated itself   well
[was getting close (to what he needed)]

Passou-lhe **pelo** **cérebro** **o** **pensamento** **de**
Passed him   through the   brain   the   thought   of

apresentar-se **à** **moça.**
to present himself to the   girl

Por **que** **não?** **O** **que** **lhe** **faltava** **era** **simplesmente**
For what not That what him lacked was   simply

uma **pessoa** **que** **se** **quisesse** **deixar** **retratar** **em**
a   person   that herself wanted let   portrayed in

uma grande tela. Não se tratava exatamente de
a great canvas Not itself concerned exactly of

um modelo vivo... Que dúvida haveria...
a model living What doubt (it) would have
(would there be)

Refletindo mais, lembrou-se da dificuldade
Reflecting more (he) remembered of the difficulty

em que se veria, caso um exame de perto
in what himself (he) saw case a examination of close
[in which he would be] (when)

lhe mostrasse que a moça não prestava. Com
him would show that the girl not lend (herself) With
(would be suited)

que cara havia de dizer:
what face (it) had of to say
[would he say]

- V. Exa. não serve para meu anjo...
Your Excellency not serves for my angel

Giacometo desistiu.
Giacometo gave up

Desistir não é desanimar. E o pintor procurava...
Giving up not is discouraging And the painter procured
(kept looking)

Visitou   os   arrabaldes,   as   ilhas   da   baía,   fez
(He) visited   the   suburbs   the   islands   of the   bay   made

mesmo   algumas   viagenzinhas...   Entretanto,   quando
even   some   little trips   Meanwhile   when

alguém   que   sabia   da   sua   empresa   perguntava-lhe:
someone   that   knew   of the   his   enterprise   asked him
(of)

- E   o   anjo?
And   the   angel

- Não   achei   ainda!...   respondia.
Not   found (her)   yet   (he) answered

III
III

Por   esse   tempo   abriu-se   a   exposição   de   Belas
For   this   time   opened itself   the   exhibition   of   Beautiful
(At)   (opened)   (Fine)

Artes.   Giacometo   mandara   alguns   quadros.   Para   ver
Arts   Giacometo   send   some   paintings   To   see

que   figura   fazia   o   seu   trabalho,   no   meio   do
what   figure   made   the   his   work   in the   middle   of it
(sight)   ()   ()

dos demais expositores, Carlo Giacometo foi
of the other exhibitors Carlo Giacometo went
(exhibited work)

visitá-la. No primeiro dia não pôde entrar.
visit it On the first day not (he) could enter

Três dias depois voltou à carga. Não
Three days after (he) returned to the task Not

havia a mesma afluência do primeiro dia. O
had the same affluence of the first day The
(there was) (crowd) (as the)

pintor entrou...
painter entered

Passou rapidamente os olhos pelas pinturas
(He) passed fast the eyes by the paintings
(over the)

expostas na saleta fronteira à entrada,
exhibited in the little room of the front at the entrance

nessa onde se vê uma estátua de Pedro II,
in this where itself saw a statue of Peter II
[was seen]

muito branca, de espada pendente à esquerda,
very white of sword hanging at the left
(with)

fitando tranqüilo um cavaleiro de bronze, que
gazing calmly a knight of bronze that

galopa nos ares ao longe e acena-lhe com
gallops in the air at the distance and beckons him with

um rolo de papel.
a roll of paper

Seguiu depois pelo corredor que leva à
(He) followed then through the corridor that led to the
(the)

pinacoteca, e, na porta da primeira sala à
gallery and in the door of the first room on the

direita parou. Tinha avistado um dos seus
right (he) stopped (He) had seen one of the his
(of)

quadros.
pictures

Giacometo foi vê-lo de perto.
Giacometo went to see it from (up) close

Entretanto, a vista encontrou-lhe uma grande
Meanwhile the view encountered him a great

tela   pendurada   à   esquerda.
canvas   hanging   at the   left

Um   assunto   delicado.   Representava   uma   bela
A   subject   delicate   (It) represented   a   beautiful

rapariguinha   de   quatorze   ou   quinze   anos,   braços
girl   of   fourteen   or   fifteen   years   arms

e   ombros   nus,   debruçada   numa   janela,   tentando
and   shoulders   nude   leaning   in a   window   trying

quebrar   com   os   dedos   o   pedúnculo   de   uma   rosa.
to break   with   the   fingers   the   stem   of   a   rose

A   janela   ou   trapeira   era   do   tamanho   da
The   window   or   dormer window   was   of the   size   of the

moldura,   de   sorte   que   a   figura   parecia   inclinar-se
frame   of   sort   that   the   figure   seemed   to lean herself
   [so that]

para   fora   do   painel.   Tinha   uma   execução
to   outside   of the   panel   (It) was   an   execution

magistral   esse   trabalho.
masterful   this   work

Giacometo sentiu-se preso pelo quadro. Esqueceu
Giacometo felt himself taken by the painting Forgot
(He lost)

completamente os sentidos. Era o maravilhoso
completely the senses (It) was the wonderful
[where he was]

semblante da rapariguinha que quebrava o
countenance of the girl that broke the

pedúnculo e ria para o espectador...
stem and laughed at the spectator

O pintor consultou o catálogo que lhe haviam
The painter consulted the catalog that him (they) had

oferecido na porta do edifício. Rezava assim:
offered in the door of the building Murmured thus
(at the)

- Sessenta e quatro. Cópia do natural; trabalho
Sixty and four Copy of the natural work

do Sr F.C. Rua da Ajuda n. ...
of the Sir F.C. Street of the Ajuda number

Que felicidade! F. C. era um pintor seu vizinho,
What happiness F. C. was a painter his neighbor

que   o   tinha   em   muita   consideração   e   se
that him held   in   much   consideration   and himself

mostrava   seu   amigo...
showed   his   friend

Giacometo   contemplou   por   mais   algum   tempo   o
Giacometo   contemplated   for   more   some   time   the

belo   quadro,   e   depois,   esquecendo
beautiful   painting   and   after   forgetting

completamente   a   exposição,   retirou-se   apressado.
completely   the   exhibition   retired himself   in haste
                                              (left)

Um   conhecido,   que   o   viu   andando   muito
A   known person   that   him   saw   going   very
[Someone he knew]

precipitado,   perguntou-lhe:
hurried   asked him

- Onde   vai   tão   apressado,   comendador?
Where   (you) go   so   hasted   commander
                   [in so much haste]

- Já   tenho   o   anjo!   respondeu   ele,   sem
Already   (I) have   the   angel   answered   he   without

saber   se falava a uma pessoa   que   tivesse notícia
to know   if   was   it   a   person   that   had   notice
[whether it was someone]   [knew]

de sua empresa.
of   his   enterprise

Em poucos minutos chegava   à   rua   da   Ajuda
In   few   minutes   (he) arrived   at the   street   of the   Ajuda

e   batia   à   porta de F.C.
and   knocked   at the   door   of   F.C.

Veio recebê-lo uma espécie de   criada,   raquítica,
Came   receive him   a   sort   of   servant girl   weak

sem   sangue   e   sem   carne,   metida   em   uma
without   blood   and   without   flesh   stuffed   in   a
(dressed)

saia   cheia   de   rugas   verticais,   que
skirt   full   of   creases   vertical   that

escapava-se-lhe   dos   ossudos quadris como de
escaped themselves her   from the   bony   hips   like   of

dois cabides.   Parecia   bem moça. Tinha,   porém,
two   hangers   (She) seemed   quite   young   (She) had   however

o rosto escalavrado, o que duplicava-lhe a
the face ravaged that what doubled her the

idade.
age

- O Sr. F. C. está em casa? perguntou Giacometo.
The Sir F. C. is in house asked Giacometo
[at home]

- Sim, senhor...
Yes sir

- Quero falar-lhe.
(I) want to speak to him

- Entre...
Enter

E a magra porteira, retirando-se para um lado,
And the skinny doorkeeper retiring herself to one side
(moving back)

deu caminho ao pintor.
gave way to the painter

Giacometo encaminhou-se logo para o atelier
Giacometo walked himself right away to the workshop

de F.C. e foi surpreendê-lo em trabalho.
of F.C. and went to surprise him in work
[at work]

- Oh! meu grande Giacometo, o que significa esta
Oh my great Giacometo it what means this

visita? Você custa tanto a aparecer...
visit You (it) cost so much to appear

- Sabe?... Venho aqui por causa do meu anjo...
(You) know (I) come here for cause of the my angel
[because] (of)

- Ainda o teu anjo...
Still the your angel
()

- É exato... Com certeza os do céu não
(That) is exact With certainty those from the sky not
(correct) [from heaven]

custaram tanto trabalho a quem os fez...
(they) cost so much work to those (that) them made
(it cost them)

- Mas em que posso eu servir-lhe...
But in what can I serve you

- Vai dar-me o modelo...
Go give me the model

- Como?!
  How
  (Wutt)

- É muito simples... Quem é o autor do
  (It) is very simple Who is the author of the

quadro n. 64 da exposição?...
painting number 64 of the exhibition

- Oh!... Mas você não é homem de copiar...
  Oh But you not are man of to copy
  [to plagiarize]

- Sei... sei... O que eu quero não é o seu
  (I) know (I) know That what I want not is the your
  ()

lindo quadro; é o precioso modelo que
beautiful painting (it) is the precious model that

lhe serviu... Deve ser uma perfeição.
you served (It) must be a perfection
[served you]

- É impossível achar-se coisa que mais
  (it) is impossible to encounter oneself (a) thing that more
  (to find)

satisfaça... É quase o meu sonho... Com algum
satisfies (It) is almost the my dream With some
()

fulgor mais na fisionomia... está feito o meu
glow more in the physiognomy is made the my
()

anjo... Diga-me quem foi o seu modelo...
angel Tell me who was the your model
()

Juro-lhe que qualquer despesa que haja de
(I) swear you that any expense that (I) have of
()

fazer não me amedronta...
to make not me frightens

Um sorriso amargo, inexplicável, traçou-se no
A smile bitter inexplicable traced itself on the

rosto de F.C.
face of F.C.

- Ai, meu caro Giacometo, eu vou apresentar-te
Oh my dear Giacometo I want to present you

o meu modelo... É minha sobrinha, uma órfã
the my model (She) is my niece an orphan
()

que minha mulher acolheu... Está comigo há
that my wife took in (She) is with me (it) has
(since)

meses... Talvez você a tenha visto...
months Maybe you her have seen

- Nunca! protestou fortemente Carlo... O meu
Never protested strongly Carlo The () my

anjo não passaria despercebido!
angel not would pass unnoticed

- Pobre anjo!...
Poor angel

- Não o compreendo...
Not it (I) understand

- Vai compreender... Espere um pouco...
(You) go to understand Wait a bit

F. C. afastou-se da tela diante da qual
F. C. removed himself from the canvas before of the which
(moved away)

conversava com Giacometo, e, oferecendo-lhe
(he) conversed with Giacometo and offering him

uma cadeira, desapareceu no interior da casa.
a chair disappeared in the interior of the house

Instantes após, voltava, impelindo delicadamente
Moments after (he) returned impelling gently

pelos ombros a mesma pessoa que recebera o
by the shoulders the same person that received the
()

nosso comendador.
our commander

- Aqui está o modelo... disse
Here is the model (he) said

em tom de tristeza.
in tone of sadness
[in a sad voice]

- O modelo? perguntou Giacometo de um modo
The model asked Giacometo of a manner
(with)

estranho.
strange

F. C. afirmou com a cabeça.
F. C. affirmed with the head
(nodded)

A pobre mocinha curvava a cabeça com um
The poor girl bowed the head with a

acanhamento doloroso.
shyness   painful

Esta   cena   foi   de   efeito   fulminante   para   Carlo
This   scene   was   of   effect   shocking   to   Carlo

Giacometo.   O   desgraçado   fixava   na   moça
Giacometo   The   disgraced   fixed   on the   girl
                          (wretch)

um olhar de louco.
a   look   of   mad person
[a mad look]

- Ah! meu bom Carlo, as bexigas podem arruinar
   Ah   my   good   Carlo,   the   smallpox   can   ruin
                 (dear)

um modelo...
a   model

O   artista   da   Visão deixou pender   a   cabeça   e
The   artist   of the Vision   let   hang   the   head   and

cobriu o rosto com a   mão...
covered the   face   with   the   hand

Parecia   um   condenado.   As   lágrimas
(He) seemed   a   condemned man   The   tears

passavam-se   por   entre   os   dedos   e   iam
passed itself   for   between   the   fingers   and   went

desaparecer-lhe   na   longa   barba.
to disappear him   in the   long   beard

No   dia   seguinte,   o   visconde   que   fizera   a
In the   day   following   the   viscount   that   made   to

Giacometo   encomenda   da   Visão   recebeu   uma
Giacometo   order   of the   Vision   received   a

cartinha:
note

"Meu   caro   Sr.   visconde.   -   Com   profundo   pesar
My   dear   Sir   viscount   With   profound   regret

declaro   a   V.   Exa.   que   não   me   é   possível
(I) declare   to   Your   Excellency   that   not   to me   (it) is   possible

de   modo   algum   satisfazer   a   sua   honrosa
of   manner   any   to satisfy   to   your   honorable

incumbência...
duty

"Etc. - Carlo Giacometo."
Etc   Carlo   Giacometo

O   visconde recorreu a outro.
The   viscount   appealed   to (an)other

www.ingramcontent.com/pod-product-compliance
Lightning Source LLC
LaVergne TN
LVHW051233080426
835513LV00016B/1562